Wenn du dich für sehr kleine Tiere und Dinge interessierst, brauchst du eine Lupe. Manche Einzelheiten kannst du nur damit richtig erkennen. Insekten zum Beispiel lassen sich in einer Becherlupe am besten betrachten. Durch das Vergrößerungsglas im Deckel siehst du jedes Detail.

Tiere, die sehr scheu oder weit weg sind, beobachtest du am besten mit einem Fernglas. Einen Vogel in der Baumkrone zum Beispiel erkennst du wahrscheinlich nur durch ein Fernglas so richtig. Ein gutes Fernglas ist teuer, aber vielleicht könnt ihr es irgendwo gebraucht kaufen. Oder du wünschst es dir zum Geburtstag.

Am besten verstaust du alles, was du draußen dabeihaben möchtest, in einem Rucksack. So hast du unterwegs die Hände frei, und es geht nichts verloren.

PETER WOHLLEBEN, geboren 1964, studierte Forstwirtschaft und arbeitete 23 Jahre in der Landesforstverwaltung Rheinland-Pfalz. Er kündigte und kümmert sich seitdem um den Schutz der Wälder. Er ist Gast in zahlreichen TV-Sendungen und gibt sein Wissen in Büchern und Seminaren, aber auch durch ungewöhnliche Waldführungen weiter. 2016 gründete er eine Waldakademie, in der ihr ihn besuchen könnt.

WOHLLEBENS WALDAKADEMIE

Weitere Kinderbücher von Peter Wohlleben:

Hörst du, wie die Bäume sprechen? (ab 6 Jahren)
Weißt du, wo die Tiere wohnen? (ab 6 Jahren)
Kommst du mit nach draußen? (ab 6 Jahren)

FSC www.fsc.org MIX Papier aus verantwortungsvollen Quellen FSC® C015559

1. Auflage

Fotos von Jens Steingässer, Peter Wohlleben, Shutterstock u. a. (Seite 92)

Druck und Bindung: Drukarnia Interak Sp. z o.o., Grzepy 50, 64-700 Czarnków, Polen
Printed 2022

ISBN 978-3-7512-0201-5

www.oetinger.de
www.wohlleben-buecher.de

PETER WOHLLEBEN

50 NATURGEHEIMNISSE und OUTDOORABENTEUER

Lass uns forschen, spielen und entdecken

Verlag Friedrich Oetinger · Hamburg

DEINE 50 ABENTEUER

DEINE OUTDOOR-AUSRÜSTUNG

EIN PAAR TIPPS VORAB

1 VÖGEL IM GARTEN

2 DIE SPRACHE DER BÄUME

3 AM WASSER

4 IM WALD TELEFONIEREN

5 ALGEN SAMMELN

6 DAS ALTER KLEINER BÄUME

7 VÖGEL UNTERWEGS

8 SCHNECKEN UND IHRE HÄUSER

9 DEIN BAUMFREUND

10 FRÜHLING IM WALD

11 SÜSSE BLÜTEN

12 REIFENSPUREN

13 TIERE IN DER NACHT

14 UNTER WASSER FORSCHEN

15 KAUGUMMI AUS FICHTENHARZ

16 JAHRESRINGE ZÄHLEN

17 TIERSPUREN ENTDECKEN

18 VERGISSMEINNICHT

19 ALS WALDDETEKTIV UNTERWEGS

20 DAS INTERNET DER BÄUME

21 SOMMER IM WALD

22 KÖHLERPLÄTZE SUCHEN

23 REGENWÜRMER HERAUSTROMMELN

24 REGEN VORHERSAGEN

25 ZEIT, ZU GIEẞEN?

26 BÄUME ERKENNEN UND FINDEN

Welche Abenteuer hast du schon erlebt?
Hier kannst du dafür einen Haken machen!

- 27 SPINNEN BEOBACHTEN ☐
- 28 STEINE FLITSCHEN ☐
- 29 BUCHECKERN RÖSTEN ☐
- 30 EINE BAUMSAMMLUNG ANLEGEN ☐
- 31 PFLANZEN PRESSEN ☐
- 32 TIERKNOCHEN IM WALD ☐
- 33 ZAPFEN SAMMELN ☐
- 34 EIN SEGELBOOT BAUEN ☐
- 35 NASSER SCHABERNACK ☐
- 36 DURCH HOLZ BLASEN ☐
- 37 PILZFUTTER ☐
- 38 SCHMETTERLINGE ☐
- 39 DRAUSSEN ÜBERNACHTEN ☐
- 40 KITZELN UND KLETTEN ☐
- 41 WALDBODEN UNTERSUCHEN ☐
- 42 AMEISENSTRASSE UMLEITEN ☐
- 43 EIN KLO IM WALD ☐
- 44 SAMEN SPRINGEN LASSEN ☐
- 45 KNOSPEN AUSPACKEN ☐
- 46 KÄFER UND WANZEN ☐
- 47 BAUMSAMEN ☐
- 48 FARBIGES ESSEN ☐
- 49 TIERE, DIE IM BLATT WOHNEN ☐
- 50 AUF GRASHALMEN PFEIFEN ☐

WETTERSCHUTZ

EIN PAAR TIPPS VORAB

Dieses Buch ist für dich gemacht. Egal ob du erst mal nur schmökern willst oder es gleich mit nach draußen nimmst – ich hoffe, du hast Spaß damit!

Die Abenteuer und Experimente in diesem Buch haben keine feste Reihenfolge. Am besten blätterst du einfach durch die Seiten und fängst mit der an, die dir am besten gefällt. Die Natur zu erforschen, ist toll – und je mehr du im Laufe der Zeit über Tiere und Pflanzen weißt, desto spannender wird es.

Damit du draußen meine Tipps schnell noch einmal nachlesen kannst, haben wir das Buch handlich klein gemacht. So passt es gut in deinen Rucksack, und du kannst es immer mitnehmen.

Überleg dir am besten schon zu Hause, wonach du bei deinem nächsten Abenteuer Ausschau halten möchtest. Pack die nötigen Sachen ein, bevor du losgehst. Was du zum Entdecken und Experimentieren brauchst, steht auf den jeweiligen Seiten.

Schreib am besten gleich auf, was du beobachtet oder gefunden hast. Bei manchen Fundstücken lohnt es sich, sie zu sammeln und in ein Album oder einen Sammelordner einzukleben.

Halte auch fest, zu welcher Seite in diesem Buch dein Eintrag im Notizbuch gehört – dann kannst du das zu Hause leichter zuordnen.

Weil du draußen immer mal einen kleinen Kratzer abbekommen wirst, ist es gut, wenn du in deinen Rucksack auch Pflaster einpackst. Und vergiss nie, etwas zu trinken mitzunehmen!

Manche Outdoor-Expeditionen funktionieren nur zu einer bestimmten Jahreszeit. Weil es für Frühling, Sommer, Herbst und Winter verschiedene Abenteuer und Naturgeheimnisse gibt, kannst du mindestens ein Jahr lang mit diesem Buch auf Expedition gehen.

Auf vielen Seiten geht es um Tiere oder Pflanzen, die du entdecken kannst. Ich habe sie meistens in einer Art Liste aufgeschrieben. Vielleicht möchtest du dort ankreuzen, was du schon entdeckt hast. Bei einigen kann es schon mal Wochen oder Monate dauern, bis du sie findest. Besonders seltene erkennst du im Buch an der kleinen Eichel im Ankreuzkästchen . Hake auch im Inhaltsverzeichnis vorne ab, was du schon alles gemacht hast – so behältst du den Überblick.

So, jetzt geht's richtig los! Mir hat das Schreiben dieses Buches viel Spaß gemacht. Den wünsche ich dir auch beim Lesen und Ausprobieren!

VÖGEL IM GARTEN

1

Habt ihr einen Garten oder einen Balkon? Dann hast du dort vielleicht schon einmal einen Spatz oder eine Blaumeise gesehen.

Andere Vögel sind nicht ganz so leicht zu entdecken und zu bestimmen. Versuche es einmal mit diesen hier. Ich gebe dir Tipps, wo du Ausschau halten solltest.

- **Buchfink.** Er lebt in Buchenwäldern und Parks. Du erkennst ihn an der roten Färbung der Brust. Aber Achtung: Verwechsle ihn nicht mit dem Rotkehlchen!

- **Amsel.** Sie liebt Gärten, ist aber auch im Wald zu finden. Wusstest du, dass nur die Männchen einen gelben Schnabel haben und schwarz sind? Die Weibchen haben ein unauffällig braunes Gefieder.

- **Kohlmeise.** Ihr Lieblingsessen sind Raupen. Wenn ihr viele im Garten habt, kannst du Kohlmeisen gut beobachten.

- **Buntspecht.** Er zimmert Höhlen in dicke Baumstämme von lebenden Bäumen. Am besten findest du ihn, wenn du bei einem Waldspaziergang ein Klopfen hörst. Schau mal nach oben und suche an den Baumstämmen, vielleicht entdeckst du ihn.

2 DIE SPRACHE DER BÄUME

**Bäume unterhalten sich miteinander.
Und das kannst du riechen!**

Wenn zum Beispiel Borkenkäfer angeflogen kommen, die sich in die Rinde einbohren möchten, spüren die Bäume das. Sie versuchen, die Käfer loszuwerden, indem sie einen Harztropfen herausdrücken. Der klebt den Käfer fest, sodass er nichts mehr machen kann.

Weil Bäume sehr langsam sind, können sie sich besser wehren, wenn sie sich ein bisschen auf den Käferangriff vorbereiten konnten. Deshalb ist es gut, wenn sie von anderen Bäumen vorgewarnt werden. Das machen Bäume mit Duftstoffen. Jeder Duft hat eine andere Bedeutung – Bäume haben eine richtige Duftsprache! Auch du kannst sie riechen,

Der giftigste heimische Nadelbaum ist die Eibe. Gefährlich sind ihre dunkelgrünen Nadeln, die Rinde und die Samen.

vor allem an heißen Sommertagen. Wenn du dann unter Nadelbäumen schnupperst, riechst du einen süß-würzigen Geruch. Das sind Warnrufe der Bäume!

Der Duft wird über die Nadeln ausgestoßen, und wenn du ein paar pflückst, kannst du den Geruch sogar noch verstärken. Zerreibe dazu die Nadeln zwischen den Fingern. Nimm aber nur Nadeln von ungiftigen Bäumen wie Fichten, Kiefern, Tannen oder Douglasien.

Die Nadeln von Fichten oder Douglasien kannst du im Frühjahr sogar für einen Smoothie verwenden. Fülle dazu Obst, ein bisschen grünes Gemüse wie Spinat oder Salat sowie ein paar frische Nadeln und ein bisschen Wasser in einen Mixer und mixe alles sehr gründlich. Fertig ist dein Baumsmoothie!

3 AM WASSER

Im Wasser sind Tiere nicht so einfach zu sehen. Sie verstecken sich nämlich meistens oder sind gut getarnt, um nicht von anderen Wassertieren oder Vögeln gefressen zu werden.

Trotzdem entdeckst du sie, wenn du ganz genau hinschaust.

Mückenlarven: Bei euch gibt es keinen Bach und keinen Tümpel? Das macht nichts, denn ein besonders guter Ort zum Beobachten von Tieren sind Regentonnen – vielleicht steht bei euch oder bei deinen Freunden eine im Garten. Manchen Insekten kommt so eine Tonne vor wie ein Tümpel. Mücken legen dort gerne ihre Eier ab. Die Mückenlarven fressen Algen, die in der Tonne wachsen. Das machen sie, bis sie so groß wie die fertige Mücke sind und ihre Form verändert haben. Zwischendurch verpuppen sie sich ein paarmal. Um Luft zu holen, hängen die Mückenlarven schräg wie kleine Kommas im Wasser und lassen von ihrem Hinterleib nur einen Schnorchel an die Oberfläche ragen. Mückenlarven atmen also mit ihrem Po! Wenn du sie störst, tauchen sie schnell ab und zucken dabei wild hin und her.

Steinfliegen: Setz dich ans Ufer eines Bachs und nimm einen Stein aus dem Wasser. Auf der Unterseite sitzen manchmal braune Tiere, die am Hinterleib zwei Antennen haben. Das sind die Larven von Steinfliegen. Es ist ein gutes Zeichen, wenn du sie findest, denn diese Tiere brauchen sehr sauberes, fließendes Wasser.

Köcherfliegen: Zwischen den Steinen im Wasser bewegt sich vielleicht ein kleines Röhrchen. Es gehört zur Larve der Köcherfliege. Die Larven bauen sich aus allem, was sie finden, eine kleine Röhre. Das machen sie, um sich vor Feinden zu schützen. Je nachdem, was im Wasser herumlag, ist die Röhre aus Steinchen oder Pflanzenteilen zusammengeklebt.

Kaulquappen: In Gartenteichen, Tümpeln, aber auch am Rand von Seen legen Frösche und Kröten im März ihre Eier. Beim Grasfrosch sind es große Klumpen, die mehr als tausend Eier enthalten. Sie quellen erst nach dem Legen auf, sonst würden sie vorher nicht in den Bauch des Froschweibchens passen. Aus den Eiern schlüpfen Kaulquappen. Sie sehen aus wie Kugeln mit Schwänzen. Ihre Lieblingsnahrung sind Algen. Das sind winzige Pflanzen, die wie ein grüner Belag am Rand des Tümpels, aber auch mitten im Wasser wachsen. Im Sommer wird der Schwanz der Kaulquappen immer kürzer, stattdessen bilden sich an den Körperseiten Beine. Dann dauert es nicht mehr lange, und viele winzige Frösche und Kröten wandern an Land.

Kleine Fische: Fischkinder leben gefährlich, denn große Fische haben immer Appetit und jagen die kleinen. Deshalb schwimmen die lieber im ganz flachen Wasser von Teichen, Bächen oder Seen in Ufernähe – dahin können ihnen die großen nicht folgen. Junge Fische kannst du deshalb besonders leicht vom Ufer aus beobachten. Hier bilden die Fischkinder kleine Schwärme.

Wenn viele junge Fische zusammenschwimmen, ist es für einen großen Fisch schwerer, einen von ihnen zu erwischen. Welchen soll er nehmen? Den hier? Oder den dort hinten? Ständig wuselt der Schwarm hin und her, glitzern die Fischkörper im Sonnenlicht und verwirren den Angreifer. So kann er nur selten einen kleinen Fisch fangen, und viele von ihnen werden groß.

Wasserläufer: Wasserläufer gehen im Wasser nicht unter, obwohl sie nicht schwimmen können. Sie laufen, wie schon ihr Name sagt, tatsächlich über das Wasser. Weil sie so leicht sind, sinken sie nicht ein. Zusätzlich haben sie noch Härchen an den Füßen. Dadurch schwimmen die Füße wie kleine Boote. Für Wasserläufer ist das Wasser so stabil, dass sie sogar springen und wieder auf dem Wasser landen können. Das machen sie, um andere Insekten zu fangen, die in den Teich gefallen sind.

Und noch ein Extratipp: Das allerkleinste Gewässer, an dem du Tiere beobachten kannst, ist eine Pfütze. Wenn es geregnet und sich zum Beispiel in einer Fahrspur Wasser gesammelt hat, dann ist das für Insekten eine gute Möglichkeit zu trinken. Auch in deiner Umgebung kannst du Insekten beobachten. Stell auf dem Balkon oder im Garten eine flache Schale mit Wasser auf. Leg noch ein paar Steine hinein. Dann können dort Bienen, Fliegen und andere Tiere komfortabel und sicher trinken.

4 IM WALD TELEFONIEREN

Spechte benutzen eine Art Baumtelefon. Wenn ein anderes Tier den Baumstamm hinaufklettert, hören sie das in ihrer Höhle hoch oben und schauen, wer da kommt.

Wie sich das für einen Specht anhört, könnt ihr zu zweit ausprobieren. Sucht einen langen Stamm, der am Wegrand liegt. Einer drückt sein Ohr an das dünne Ende, der andere kratzt oder klopft ganz leise mit einem Steinchen am dicken Ende. Ohne den Baumstamm zwischen euch könnte man das nicht hören, doch durch das Holztelefon kannst du genau sagen, ob am anderen Ende geklopft oder gekratzt wird.

Wenn der Wind in Sturm übergeht, solltest du zu Hause bleiben, weil dann manchmal Äste herunterfallen.

Wie gut ein Baumstamm Geräusche leitet, kannst du auch bei windigem Wetter hören. Dazu suchst du einen Baum, der ein bisschen knarzt, wenn die Krone im Wind schaukelt. Drücke dein Ohr an den Stamm, und das Geräusch ist viel lauter zu hören.

ALGEN SAMMELN

5

An vielen Hauswänden klebt ein grüner, grauer oder orangefarbener Belag. Oft wird er aus winzigen Pflanzen gebildet, den Algen.

Diese winzigen Pflanzen kannst du sammeln. Algen lieben feuchte Luft und meiden die pralle Sonne. Deswegen findest du sie selten auf der Südseite von Häusern. Am besten wachsen sie an schattigen Wänden und Mauern, die bei schlechtem Wetter nass geregnet werden. Weil der Regen meistens von Westen kommt, entdeckst du auf der Westseite von Häusern die meisten Algen.

An Laubbäumen mit glatter Rinde läuft bei Regen viel Wasser den Stamm hinunter, und das mögen Algen besonders gerne. Neben grünen Belägen wachsen hier auch ab und zu rötliche Algen.

Hast du welche gefunden? Dann brauchst du nur noch Klebefilm und dein Notizbuch. Nimm einen Klebestreifen und drücke ihn auf eine Wand mit Algenbelag. Wenn du den Streifen wieder abziehst, bleiben die Algen auf der Klebeseite haften. Nun kannst du den Film auf eine Sammelseite in dein Notizbuch kleben. Schreib dazu, wann und wo du die Algen entdeckt hast. Findest du unterschiedlich gefärbte Algenarten?

6 DAS ALTER KLEINER BÄUME

Bei kleinen Nadelbäumen kannst du das Alter leicht feststellen. Zähle einfach die Astquirle!

Die Äste von Fichten, Tannen und Kiefern sind in Etagen angeordnet. Das kannst du zum Beispiel an Weihnachtsbäumen gut erkennen. Jedes Jahr kommt eine Etage dazu. Diese Etagen nennt man Astquirle.

Selbst bei großen Fichten und Tannen kannst du so das Alter nachzählen, weil du die Ansätze von alten Astquirlen am Stamm auch dann noch sehen kannst, wenn die Äste schon abgestorben sind.

Kleine Laubbäume haben keine Astquirle. Dafür bilden sich bei Buchen oder Hainbuchen jedes Jahr kleine Knoten auf den Zweigen. Sie bleiben zurück, wenn die Knospen austreiben.

Dieser Baum ist 7 Jahre alt.

Zähle diese Knoten, indem du bei der obersten Knospe beginnst. Jeder Knoten steht für ein Jahr. Zum Stämmchen hin sind die Knoten schlechter zu erkennen, deshalb musst du den Rest schätzen.

VÖGEL UNTERWEGS

Wenn du zu Fuß im Wald oder zwischen Feldern und Wiesen unterwegs bist, begegnest du vielleicht diesen Vögeln.

- **Eichelhäher.** Im Herbst versteckt er viele Eicheln und Bucheckern im Waldboden. Er ist größer als die meisten anderen heimischen Vögel und auffällig bunt gefärbt.

- **Mäusebussard:** Wenn du einen großen Greifvogel am Himmel segeln siehst, dann ist es meist der Mäusebussard. Seine Rufe erinnern an das Miauen von Katzen. Mäusebussarde sitzen auch oft am Straßenrand auf Zaunpfosten.

- **Rabenkrähe:** Sie ist eigentlich überall zu Hause, sogar in Bahnhöfen! Ihr Ruf tönt wie ihr Name: „Kräh, kräh!" Wenn du einer Krähe etwas zu fressen hinstellst, freundet sie sich vielleicht mit dir an. Du brauchst allerdings viel Geduld, denn Krähen sind intelligent – und sehr misstrauisch.

- **Kraniche.** Sie ziehen im Frühling und Herbst in großen Schwärmen über den Himmel. Im Frühjahr siehst du sie besonders oft, wenn ein warmer Wind aus dem Süden kommt. Im Herbst ist es umgekehrt: Dann ziehen die Kraniche mit dem kaltem Nordwind nach Süden.

Mäusebussard

8 SCHNECKEN UND IHRE HÄUSER

Schnecken sind ideale Tiere zum Beobachten. Du findest sie fast überall: im Wald, im Park, im Garten oder in Teichen. Sie können nicht vor dir wegrennen – und sie beißen und stechen dich auch nicht!

Bänderschnecken und Weinbergschnecken tragen ihr Haus auf dem Rücken. Wenn sie sich verstecken oder schlafen wollen, ziehen sie sich einfach dahinein zurück. Das Schneckenhaus ist normalerweise rechtsgewunden und sitzt auf der rechten Seite des Schneckenkörpers: Streich mal von innen nach außen mit dem Finger die Windungen entlang – dann geht dein Finger rechtsherum, wie der Zeiger der Uhr.

Ganz selten gibt es Schnecken, deren Haus linksherum gewunden ist. Weil das so außergewöhnlich ist, nennt man sie „Schneckenkönig". „Schneckenkönigin" wäre eigentlich richtig, schließlich heißt es doch auch DIE Schnecke! Halte die Augen auf, vielleicht findest du irgendwann eine! Dann solltest du feiern!

Schneckenhäuser eignen sich gut zum Sammeln. Natürlich nur dann, wenn keine Schnecke mehr darin wohnt! Das ist nicht immer ganz einfach zu sehen. Manchmal ziehen sich die Schnecken sehr weit hinein und bilden auch dort erst einen Deckel. So können sie auch trockene Sommermonate gut überstehen.

Ganz sicher kannst du sein, wenn du das Schneckenhaus gegen helles Licht hältst. Dann siehst du, ob alles durchscheinend ist oder ob nicht doch noch jemand darin wohnt.

Viele Schnecken haben aber gar keine Häuser. Man nennt sie deswegen Nacktschnecken. Schneckenhäuser zum Sammeln hinterlassen sie dir also nicht, aber wie wäre es mit einer Schneckenspur?

Schau dir dazu einmal dicke, alte Buchen im Wald an. Auf der Rinde wachsen oft Algen, so ähnlich wie auf manchen Hauswänden. Diese Algen werden gerne von Schnecken gefressen, die auf Bäumen leben. Dort, wo die Schnecke war, ist es dann nicht mehr grün.

Wie man Algen sammelt, habe ich dir ja schon bei Tipp 5 gezeigt. Genauso kannst du das auch mit der Schneckenspur machen. Klebe dazu einfach den Film auf eine Stelle, wo du die Spur im Algenbelag siehst. Sie zeigt sich immer noch, wenn du den Klebestreifen zu deiner Sammlung aufs Papier klebst.

9 DEIN BAUMFREUND

Wie fändest du es, dich mit einem Baum anzufreunden? Das geht ganz einfach! Suche dir einen Baum in der Nähe, den du jederzeit besuchen kannst. Er kann in einem Garten stehen, im Park oder bei euch vor der Haustür. Am spannendsten ist es, sich mit einem Laubbaum anzufreunden – da ist am meisten los.

Du kannst schauen, wie sich „dein" Baum im Laufe des Jahres verändert. Das geht meist sehr langsam. Wenn du ab und zu ein Foto machst und die Bilder später vergleichst, siehst du die Veränderungen besser.

Schau genau hin: Wann werden im Frühjahr die Knospen dicker? Schauen schon die ersten Blattspitzen aus den Knospen? Hat der Baum auch Blüten? Trägt er Früchte? Werden die neuen Zweige langsam länger? Wann färben sich im Herbst die ersten Blätter gelb oder rot?

Laufen Tiere auf der Rinde herum? Entdeckst du ein Nest in den Baumwipfeln? Findest du Spuren von Insekten auf seinen Blättern? Ist seine Rinde rau oder glatt?

Wenn dein Baumfreund einmal in Not ist, kannst du ihm helfen. An heißen Sommertagen hat ein Stadtbaum nämlich sehr viel Durst. Er verbraucht bis zu 500 Liter Wasser – jeden Tag! Wenn es lange nicht geregnet hat, leidet der Baum und kann sogar verdursten. Doch du kannst etwas tun! Nimm eine Gießkanne voll Wasser und gieße rund um den Stamm. Bei so viel Durst reicht eine Füllung allerdings nicht aus. Besser ist es, wenn du ihm mehrere Gießkannen hintereinander bringst. Vielleicht hilft dir auch noch jemand?

Vor allem junge, frisch gepflanzte Bäume sind dringend auf Hilfe angewiesen. Ihre Wurzeln reichen noch nicht weit genug, um an das Wasser tief in der Erde zu kommen.

Findest du heraus, von welchen Bäumen diese Blätter stammen? In welchen Farben malst du sie aus?

K.......................

E................

L................

A....................

V..........................

Lösung:
1. Kastanie
2. Eiche
3. Linde
4. Ahorn
5. Vogelbeere

Bäume brauchen viel Platz im Boden. Mit ihren Wurzeln suchen sie nach lockerer Erde, in der es feucht und luftig ist. Die Feuchtigkeit ist wichtig, um zu trinken, und die Luft brauchen sie zum Atmen.

Wo dein Baum mit seinen Wurzeln nach Platz sucht, kannst du sehen – vor allem wenn es ein älterer Baum am Straßenrand ist. Vom Stamm ausgehend, zeigen sich oft lange Risse im Asphalt. Manchmal werden auch Pflastersteine vom Bürgersteig in einer langen Linie angehoben. Unter diesen Hubbeln sind die Wurzeln des Baums.

Um den Stamm von Stadtbäumen herum ist meist eine kleine Scheibe aus Erde, die nicht gepflastert oder geteert ist. Erde ohne Pflanzen ist für den Baum nicht so gut, denn sie trocknet schnell aus. Besser wäre es, wenn hier Blumen oder kleine Sträucher wachsen würden. Du könntest ein paar Samen von Wildblumen verstreuen. Das hilft nicht nur dem Baum, sondern auch vielen Insekten, die an den Blüten Nektar trinken können. Und es sieht schön aus!

Umgekehrt kann der Baum auch dir einen Gefallen tun, wenn dir zu warm ist. Probier's mal aus: Setz dich an einem heißen Sommertag unter einen Sonnenschirm, und stell dich danach unter deinen Baum. Wo ist es kühler? Richtig, unter dem Laubbaum. Er verdunstet viel Wasser, und das macht die Luft kälter. Der Baum mag es nämlich auch nicht so heiß, und deswegen schwitzt er, so ähnlich wie du, wenn dir zu warm ist.

10 FRÜHLING IM WALD

Im Frühling findest du im Wald auch Blumen. Weil die Bäume noch keine Blätter haben, fällt genug Licht auf den Waldboden. Das brauchen Blumen zum Wachsen.

Doch sie müssen sich beeilen, denn wenn im Mai die Blätter an den Bäumen austreiben, wird es im Wald zu dunkel für Blumen. Dann verwelken sie und sind für den Rest des Jahres nicht mehr zu sehen. Bis zum nächsten Frühjahr leben sie unterirdisch als Wurzeln und Zwiebeln von dem Zucker, den sie mithilfe der Frühlingssonne in ihren Blättern gebildet haben.

Welche schnellen Blumen entdeckst du im Wald?

- [ ] **Buschwindröschen:** Die weißen Blüten leuchten dir vor allem in Buchenwäldern entgegen. Manchmal sieht das aus, als hätte es geschneit.

- [ ] **Lerchensporn:** Die rötlich-lila oder weiß gefärbten Blüten erinnern an kleine Trompeten.
- [ ] **Scharbockskraut:** Die Blüten sehen aus wie kleine, gelbe Sonnen.
- [ ] **Waldveilchen:** Die kleine Pflanze blüht im Frühling lila.

11 SÜSSE BLÜTEN

Bienen lieben Kleeblüten. Der Klee lockt sie mit Zucker an. Er möchte, dass die Bienen ihn besuchen und die Blüten bestäuben. Zum Dank können sie dort einen kleinen Schluck Zuckerwasser schlürfen.
Vielleicht schmeckt das auch dir! Zupfe einfach eine einzelne Blüte aus dem kugeligen Blütenstand und sauge daran. Die Zuckerportion ist klitzeklein, denn was für die Biene ein richtiger Schluck ist, ist für dich nur ein winziges Tröpfchen.

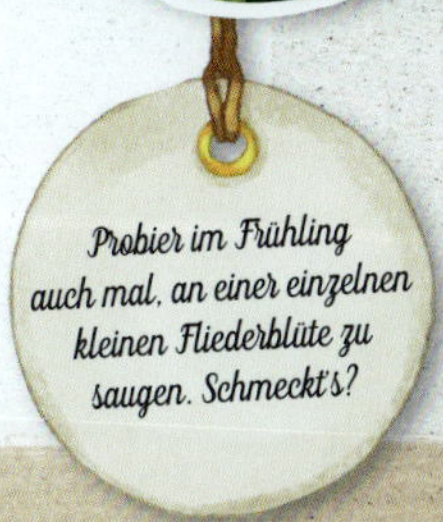

12 REIFENSPUREN

Manche Pflanzen zeigen dir, wo eine schwere Maschine gefahren ist. Ein großer Traktor hinterlässt eine Spur im Waldboden. Vorher hatte der wie ein Schwamm viele kleine Löcher. Die werden von den Traktorrädern zusammengequetscht. Dort kann kein Wasser mehr in den Boden hineinlaufen. Wenn es regnet, stehen deshalb in den Reifenspuren Pfützen. So einen nassen Boden lieben die Binsen. Binsen sehen aus wie ein Büschel grüner, gerader Draht. Wenn davon viele in zwei langen Reihen wachsen, dann weißt du, dass hier eine schwere Maschine langgefahren ist.

13 TIERE IN DER NACHT

Viele Tiere werden erst in der Dämmerung munter. Manche, zum Beispiel Rehe, haben Angst vor Menschen und kommen deshalb erst aus ihren Verstecken, wenn es dunkel wird. Andere, wie die Fledermäuse, haben keine Angst vor uns, lieben aber die Nacht.

Welche Tiere hast du im Dunkeln schon mal gesehen?

- [ ] **Reh:** Wenn du am Feld- oder Waldrand wohnst, siehst du sicher öfter Rehe. Sonst hast du eine gute Chance, wenn ihr mal in der Dämmerung mit dem Auto oder dem Zug unterwegs seid. Dann entdeckst du oft Rehe, die auf einem Feld stehen. Vielleicht siehst du die Rehe im Dunkeln auch nicht, sondern hörst sie. Ihr Warnruf klingt so ähnlich wie das Bellen von Hunden: „Böh! Böh!“

- [ ] **Igel:** Im Park oder Garten hörst du einen Igel schon, bevor du ihn entdeckst. Er grunzt und schnauft ziemlich laut.

- [ ] **Motte:** Rund um Straßenlaternen flattern Motten in der Dunkelheit. Bestimmt hat sich auch schon mal eine in dein Zimmer verirrt. Das passiert, wenn das Fenster auf ist und Licht brennt. Motten suchen den Mond, um sich an ihm zu orientieren. Lampen sehen nachts wie kleine Monde aus und ziehen deshalb Motten magisch an.

Fledermaus: Wenn du in der späten Dämmerung oder nachts etwas Kleines fliegen siehst, ist das vermutlich eine Fledermaus. Es gibt kaum Vögel, die dann noch unterwegs sind. Fledermäuse brauchen nichts zu sehen, weil sie sich am Echo ihrer eigenen Schreie orientieren. Diese Schreie sind so laut wie ein Presslufthammer. Wir können sie zum Glück nicht hören, weil unsere Ohren für so hohe Töne nicht gemacht sind.

Kröte: Sie kommt erst nachts aus ihrem Versteck, und am liebsten dann, wenn es geregnet hat. Ihre Haut trocknet nämlich leicht aus und bekommt schnell einen Sonnenbrand. Da ist man besser nachts unterwegs.

Eule: Manchmal nisten Eulen auch in Stadtbäumen. Wahrscheinlicher ist es aber, sie in der Dämmerung am Waldrand zu sehen. Sie fliegen lautlos, daran kann man sie von anderen großen Vögeln unterscheiden. Es ist praktisch, dass sie so leise fliegen, weil dann die Mäuse nicht hören, dass da jemand Appetit auf sie hat.

14 UNTER WASSER FORSCHEN

Auch ohne Taucherbrille kannst du in einen Bach oder ins flache Wasser eines Sees hineinsehen! Alles, was du brauchst, ist eine Glasschlüssel, eine Kunststoffdose oder ein großes Glas. Das ist fast so gut wie eine Taucherbrille – und vielleicht hast du es sowieso in deinem Rucksack dabei.

Du drückst das Gefäß so weit ins Wasser, dass oben nichts hineinläuft. Am besten hältst du das Gefäß dafür mit beiden Händen fest. Damit du nicht aus Versehen nach vorne kippst und ins Wasser plumpst, hält dich am besten jemand von hinten fest.

Das geht besonders gut, wenn du eine Hose mit Gürtel oder einem besonders stabilen Bund anhast. Dann kann dich die zweite Person mit einer Hand im Hosenbund leicht nach hinten ziehen.

Schau jetzt durch den Boden und die Wände ins Wasser hinein. Was entdeckst du dort alles?

Wichtig: Dein Gefäß sollte ganz durchsichtig sein und einen flachen Boden ohne Rillen haben.

KAUGUMMI AUS FICHTENHARZ 15

Wenn Fichten verletzt werden, tritt aus der Wunde eine klebrige Flüssigkeit aus. Mit diesem Klebstoff können die Bäume die Wunde schnell wieder verschließen. Die Tropfen erstarren und werden im Laufe der Zeit hart.

Aus solch hartem Fichtenharz kannst du Kaugummi machen. Dazu suchst du im Wald an der Rinde großer Fichten nach Harz. Ein guter Tropfen ist schön groß (ungefähr einen Zentimeter im Durchmesser) und klar. Er muss außerdem schon hart sein.

Nimm nur Harz von Fichten, und suche nicht in Parks nach harzenden Bäumen – dort können auch Arten aus fernen Ländern wachsen, die vielleicht giftig sind.

Diesen Tropfen nimmst du in den Mund und machst erst mal nichts. Mit den Zähnen probierst du nach ein paar Minuten, ob er langsam weich genug zum Kauen wird. Aber fang nicht zu früh an! Sonst zerplatzt der Tropfen in lauter kleine, bittere Stücke.

Beim Kauen und Testen spuckst du oft aus. Im Wald darfst du das! So verliert das Harz seinen bitteren Geschmack. Hat alles geklappt, dann hast du nach 10 Minuten einen rosafarbenen Kaugummi. Wenn du ihn nicht mehr magst, schluck ihn nicht herunter, sondern spuck ihn einfach aus!

16 JAHRESRINGE ZÄHLEN

Manchmal liegen im Wald Baumstämme in großen Stapeln am Wegrand. Wenn du wissen möchtest, wie alt die Bäume waren, als sie gefällt wurden, kannst du das einfach nachzählen.

Ich zeige dir, wie. Schau dir die Schnittfläche eines Stammes an. Darauf siehst du viele dünne, dunklere Linien, die wie Ringe aussehen – einer größer als der andere. Das sind die äußeren Schichten der Jahresringe. Sie heißen so, weil der Baum jedes Jahr einen neuen Ring mit einer neuen Schicht Holz unter der Rinde bildet. So wird der Stamm immer dicker.

Bei Kiefern, Lärchen und Eichen sind die inneren Jahresringe dunkler als die äußeren. Dort haben sie dunkle Stoffe ins Holz gepumpt, um sich gegen Holzpilze zu wehren.

Der jüngste Jahresring ist ganz außen, der älteste ganz innen. Wenn du die dunklen Linien zählst, dann weißt du, wie alt der Baum war. Zähle auch den Punkt in der Mitte mit – da war der Baum noch so klein und dünn, dass er keinen Ring gebildet hatte.

Wie alt war dieser Baum?

Die Risse in dieser Baumscheibe sind beim Trocknen des Holzes entstanden.

Dieser Baum war 20 Jahre alt.

An den Jahresringen kannst du aber noch viel mehr ablesen. War der Baum am Stamm einmal verwundet, verlaufen die Jahresringe nicht gleichmäßig. Dort, wo die Rinde zerstört war, sind die jüngeren Jahresringe unterbrochen. Der Baum hat dann versucht, mit den Ringen von der Seite her die Wunde zu verschließen, was manchmal viele Jahre dauert. Schau genau hin: Du kannst die alte Wunde noch als dünnen, schwarzen Strich sehen. Wenn damals Pilze eingedrungen sind, ist das Holz an dieser Stelle dunkler oder sogar schon faul.

Bei manchen Stämmen sind die Jahresringe so verschoben, dass der innerste nicht in der Mitte des Stammes ist. Dann stand der Baum schief und neigte sich zu der Seite, wo die Ringe jetzt am breitesten sind.

Die Breite der Jahresringe ist jedes Jahr unterschiedlich. Das hängt damit zusammen, wie es dem Baum ergangen ist. Hatte er viel Durst, zum Beispiel in einem trockenen Sommer, sind die Ringe sehr schmal. In Jahren mit viel Regen wurden die Ringe wieder breiter. So kannst du noch nach vielen Jahren ungefähr erkennen, wie das Wetter früher an dem Ort war, an dem der Baum gewachsen ist.

17 TIERSPUREN ENTDECKEN

In frisch gefallenem Schnee erkennst du Tierfährten besonders gut. Bei uns schneit es aber leider nur selten. Matsch gibt es zum Glück das ganze Jahr über!

Besonders viele Fußspuren von Tieren findest du am Rand von Wäldern und Feldern, wo die Erde nach dem Regen oft matschig ist. Dort siehst du die Abdrücke von Pfoten und Hufen sogar noch besser als im Schnee. Welche entdeckst du, wenn du die Augen offen hältst?

- So eine Spur hast du bei einem Spaziergang bestimmt schon mal gesehen und weißt auch, wer da gelaufen ist, oder?
- Die Fußstapfen von Wildtieren sind nicht ganz so leicht zu erkennen. Hier war ein **Wildschwein** unterwegs.

Gar nicht so einfach, den Fußabdruck eines **Fuchses** zu finden.

Achte im Winter mal auf **Hasenspuren!** In der Zeichnung siehst du, wie es aussieht, wenn ein Hase hoppelt: Die hinteren Füße hinterlassen länglichere Eindrücke als die Vorderpfoten des Hasen.

Ist der Matsch in der Sonne schon trocken und hart geworden, wenn du die Abdrücke entdeckst, kannst du sie sogar mit nach Hause nehmen! Du brauchst eine Tüte Gips, der schnell fest wird, einen Joghurtbecher und Wasser. Rühre das Gipspulver mit dem Wasser im Becher an, bis keine Klümpchen mehr da sind. Das richtige Mischungsverhältnis steht auf der Gipspackung!

Gieß die Gipsmasse in die Tierspur und warte, bis der Gips fest ist. Nimm ihn dann vorsichtig hoch und wickle ihn in ein Tuch oder in Zeitungspapier. Mit einer alten Zahnbürste kannst du zu Hause die letzte Erde abbürsten.

Tiere hinterlassen nicht nur mit ihren Füßen Spuren, die du sehen kannst. Mit ein bisschen Übung findest du überall Hinweise, wo ein Tier war – oder vielleicht noch ist! Ich zeige dir, wie das geht. Wie viele Spuren entdeckst du in deiner Umgebung?

- Wenn du einen toten Baumstamm am Boden liegen siehst, kannst du erkennen, welche Larven darin gewohnt haben: Die Löcher von **Holzwespen** sind rund und so groß, dass ein Wattestäbchen hineinpasst. Bei **Bockkäfern** ist das Loch oval, damit ihr ovaler Körper hineinpasst.

- Vogeleltern werfen die **Eierschalen** aus dem Nest, damit die geschlüpften Küken mehr Platz haben. Manchmal findest du diese Schalen im Garten, im Park oder auf dem Gehweg. Schau mal im Internet, ob du herausfindest, von welcher Vogelart sie stammen. Amseleier haben hübsche, blaue Schalen mit kleinen Sprenkeln.

Viele Tiere mögen **Zapfen,** z. B. Eichhörnchen, Spechte und Mäuse. Achte im Wald mal darauf, wenn du Zapfen findest. An diesen hier hat ein Eichhörnchen die Schuppen abgerupft.

Auf einer Wiese oder im Garten entdeckst du vielleicht einen Grashalm, an dem **Schaum** klebt. Keine Sorge, das ist keine Spucke! In der flauschigen Hülle versteckt sich eine Zikadenlarve.

Wenn du über Rasen gehst, nachdem es geregnet hat, fallen dir vielleicht ganz kleine **Erdhäufchen** auf. Die haben Regenwürmer gemacht. Wenn es regnet, kommen die Würmer nach oben, dicht an die Erdoberfläche, um nicht zu ertrinken. Und dort liegen dann ihre Hinterlassenschaften.

Auf einer Wanderung kann es passieren, dass du in Wassernähe angenagte oder sogar umgestürzte Bäume siehst. Um das zu schaffen, braucht ein Tier viel Kraft und richtig scharfe Zähne. Beides hat der **Biber!**

18 VERGISSMEINNICHT

Blühen bei euch im Frühsommer Vergissmeinnicht im Garten? Dann hast du vielleicht schon bemerkt, dass sie jedes Jahr an anderen Stellen zu finden sind. Das liegt daran, dass Ameisen die Samen mitnehmen. Sie mögen die winzigen Knubbel, die daran hängen, nämlich sehr gerne. Sie knabbern die Knubbel ab und verteilen die Samen als Abfall danach wieder im Garten. So wachsen aus dem „Müll" der Ameisen die neuen Pflanzen.

Von vielen Blumen mit blauen Blüten gibt es weiße und rosafarbene Sorten, auch vom Vergissmeinnicht. Sie sind in Gärtnereien gezüchtet worden.

Wird dein Vergissmeinnicht rosa oder blau?

Das Vergissmeinnicht

wird schon seit ein paar Hundert Jahren so genannt. Am Anfang wurden damit auch noch andere Blumen mit kleinen, blauen Blüten bezeichnet. Eine schöne Geschichte erzählt, wie der Name entstanden ist: Der griechische Göttervater Zeus gab allen Pflanzen einen Namen. Nur eine hatte er übersehen. Da rief das kleine Pflänzchen mit den blauen Blüten in etwas altertümlicher Sprache: „Vergiss mein nicht!“ Dabei blieb es, ein Name war gefunden, den niemand mehr vergisst!

19 ALS WALDDETEKTIV UNTERWEGS

Im Wald ist immer was los. Normalerweise bist du nicht dabei, wenn etwas geschieht. Dann ist es gut, die Spuren lesen zu können, die du findest. Sie erzählen dir, was passiert ist.

Schau beim nächsten Waldspaziergang mal ganz genau hin!

- **Baumstumpf:** Hier wurde ein Baum gefällt. Doch womit wurde er abgesägt? Waren das Menschen mit einer Motorsäge, oder haben sie mit einer riesigen Erntemaschine den Baum gefällt? Das kannst du am Stumpf erkennen. Ist an einer Seite eine kleine Stufe, wurde eine Motorsäge eingesetzt. Ist der Baumstumpf glatt abgetrennt, war es ein Harvester.

- **Holzstapel am Wegrand:** Auch hier kannst du erkennen, womit das Holz geerntet wurde. War es ein Harvester, findest du auf der Rinde lauter kleine Punkte, die durch die Rinde bis aufs Holz gehen. Sie stammen von Walzen mit Stacheln, mit denen die Maschine den Stamm bearbeitet hat. Ist die Rinde hingegen ganz glatt und sind nur die Äste abgesägt, wurde das Holz mit einer Motorsäge bearbeitet.

Harvester werden die großen Fahrzeuge mit Greifarm genannt.

Pfütze in einer Fahrspur: Wann ist auf dem Weg zum letzten Mal ein Fahrzeug langgefahren? Ist die Pfütze trüb, ist das noch nicht lange her. Wenn sich der Schlamm schon wieder abgesetzt hat und das Wasser klar ist, ist hier zuletzt vor mehreren Stunden ein Fahrzeug entlanggekommen.

Borkenkäfer: Ob die Käfer Fichten oder Kiefern befallen haben, erkennst du an Nadeln und Rinde. Die Nadeln werden braun, weil der Baum bei Befall abstirbt. Die Rinde platzt ab oder wird von Spechten abgehackt. Darunter findest du dicht an dicht Gänge, die die Käferlarven auf der Innenseite hineingefressen haben. Wenn Fichten im Sommer befallen werden, liegen viele grüne Nadeln unter den Bäumen auf dem Boden.

Fegespur: Das Geweih von Hirschen und Rehböcken wächst jedes Jahr neu. Es ist am Anfang von einer Haut bedeckt. Wenn das Geweih fertig ist, scheuern die Tiere die Haut an kleinen Bäumen ab, weil es so juckt. Diese abgeriebene Geweihhaut nennt man auch „Gefege". Die Bäumchen haben dann meist eine zerfetzte Rinde.

Ist die Rinde an fingerdicken Bäumchen in Kniehöhe beschädigt, war ein Rehbock zugange, bei höheren Spuren an dickeren Baumstämmen ein Hirsch.

Gepflanzte Bäume: Damit Rehe und Hirsche frisch gepflanzte Bäumchen nicht abfressen, werden die Knospen geschützt. Manchmal geschieht das, indem eine weiße oder grüne, etwa einen Meter hohe Plastikhülse über die Bäume gestülpt wird – das kannst du schon von Weitem sehen. Schau mal von oben in eine solche Hülse hinein. Meist steht darin ein Laubbaum, weil Laubbäume den Wildtieren besser schmecken als Nadelbäume und besser geschützt werden müssen.

Erdhaufen und -mulden: Bei Sturm fallen Bäume um. Besonders leicht kippen große Fichten. Ihre Wurzeln werden dabei aus der Erde gerissen. Weil der Stamm dann meistens abgesägt und weggebracht wird, bleiben nur die Wurzeln zurück. Die Jahre vergehen, und die Wurzeln verfaulen. Übrig bleibt nur ein Erdhügel – und daneben eine Mulde, wo die Wurzeln vorher im Boden waren. Solche Spuren sind im Wald nicht so leicht zu entdecken, obwohl das sehr häufig passiert.

Markierungen an Bäumen: Oft siehst du im Wald Zeichen, die mit Sprühfarbe an Bäume gespritzt worden ist. Zwei waagerechte Striche bedeuten: Hier darf eine Maschine langfahren. Ein schräger Strich heißt: Dieser Baum wird bald gefällt. Punkte zeigen dir, dass das ein besonders wertvoller Baum ist, der erst sehr alt werden soll, bevor er gefällt wird.

Malbaum: Wildschweine suhlen sich gerne im Schlamm. Das ist für sie genauso wichtig wie für dich eine Badewanne oder Dusche. Der Schlamm hilft ihnen auch, Parasiten loszuwerden. Dazu scheuern sie ihn nach dem Bad an einem Baum in der Nähe wieder ab. Dann sieht der Baum wie hellbraun angemalt aus.

Weil Wildschweine Lieblingsbäume haben, benutzen sie immer wieder dieselben. Oft sind das Fichten. Da ist dann schon die Rinde abgescheuert und das Holz darunter fast blank poliert. Schau genau hin: An der Rinde findest du meistens auch Wildschweinhaare.

20 DAS INTERNET DER BÄUME

Bäume unterhalten sich miteinander. Das machen sie nicht nur über Duftstoffe. Einige Nachrichten senden sie auch über ein unterirdisches Internet. Du kannst es im Wald selber finden!

Das Internet des Waldes sind Pilzfäden, die wie ein Kabelnetz die Bäume miteinander verbinden. Diese Leitungen kannst du sehen. Dazu schiebst du die obere Blätterschicht am Waldboden etwas zur Seite. Dort, wo es schön feucht ist und schon verrottete Blätter zu sehen sind, beginnt das Internet.

Dünne, weiße Stränge, die kreuz und quer übereinanderlaufen, sind so etwas wie die Hauptkabel. Durch sie schicken die Bäume ihre Nachrichten. Keine Sorge – wenn du ein paar Pilzfäden aus dem Boden holst, geht das Internet nicht kaputt. Die Nachrichten werden einfach um das kleine Loch herumgeleitet.

Unter Laubbäumen wirst du direkt am Fuß des Baumstamms fündig. Dort läuft bei Regen besonders viel Wasser in den Boden, und das lieben die Pilze.

Auch Straßenbäume versuchen, ein Pilz-Internet aufzubauen. Weil die Bäume aber meist zu weit auseinanderstehen oder eine Straße dazwischen ist, klappt das leider nicht.

SOMMER IM WALD

Im Wald wachsen auch Blumen, die sich nicht beeilen müssen, denn sie stehen nicht unter Bäumen, sondern auf Lichtungen oder am Waldrand. Dorthin fällt das ganze Jahr über genügend Licht zum Wachsen. Du findest sie deshalb auch im Sommer.

An ihren Blüten kannst du verschiedene Arten erkennen.

Waldweidenröschen

- **Fingerhut:** Eine große Blume mit meist pinkfarbenen Blüten, die ein bis zwei Meter hoch wird. Fingerhut ist sehr giftig, du solltest ihn nicht anfassen!
- **Waldweidenröschen:** Es wird so hoch wie der Fingerhut und hat eine ähnliche Blütenfarbe, aber kleinere Blüten.

- **Sauerklee:** Er sieht aus wie normaler Klee, nur die Blüte ist anders.
- **Sumpfdotterblume:** Sie wächst gerne an Bächen und nassen Stellen.
- **Weißer Fingerhut:** Ganz selten hat ein Fingerhut weiße Blüten. Aber irgendwann wirst du einen entdecken!

Fingerhut

22 KÖHLERPLÄTZE SUCHEN

Bei einer Wanderung durch ein Mittelgebirge kannst du nach ganz besonderen Stellen Ausschau halten: den Köhlerplätzen. Ich helfe dir, sie zu entdecken.

An Köhlerplätzen haben Köhler vor Jahrhunderten Holzkohle hergestellt. Die verwendeten die Menschen damals nicht zum Grillen, sondern um mit der heißen Glut Glas zu schmelzen oder Eisen zu schmieden.

Dort, wo früher alte Laubwälder standen oder sogar heute noch stehen, entdeckst du kreisförmige Plätze an den Waldhängen neben den Wanderwegen, wenn du darauf achtest. Diese Stellen sind eben wie ein Topfboden und haben einen Durchmesser von fünf bis zehn Metern.

Wenn du dort die Erde ein wenig mit den Füßen beiseiteschiebst, taucht schwarzer Boden auf. Beim genaueren Hinsehen ist er mit dunklen Stückchen durchsetzt. Sie sind meist nicht viel größer als dein Fingernagel. Das ist sehr alte Holzkohle. Du erkennst das daran, dass du die schwarzen Bröckchen zerbrechen kannst. Schau genau hin: Dann kannst du sogar Jahresringe erkennen.

Hier hat also jemand früher einmal Holz verbrannt. Dazu gruben die Köhler zuerst einen runden Platz in den Hang. Anschließend fällten sie ein paar große Bäume, sägten sie klein und spalteten die Klötze in Scheite. Sie stapelten die Scheite dicht an dicht auf und bedeckten sie mit Erde und Graswurzeln.

Dann zündeten sie den Haufen an. Das Holz brannte aber nicht richtig, sondern qualmte nur stark. Nach ein paar Tagen war es schwarz und brüchig: Es hatte sich in Holzkohle verwandelt.

Damit die Glut auch wirklich ganz aus war, wenn sie nicht mehr gebraucht wurde, mussten die letzten glühenden Kohlestückchen mit Wasser übergossen werden. Deshalb findest du Köhlerplatze meist in der Nähe eines kleinen Bachs.

23 REGENWÜRMER HERAUSTROMMELN

Regenwürmer leben in Röhren im Boden. Mit etwas Geduld und einem Trick lassen sie sich herauslocken.

Ich erkläre dir mal, warum. Regenwürmer leben in bis zu zwei Meter tiefen Röhren im Boden. Wenn die Röhren bei Regen voll Wasser laufen, können die Regenwürmer ertrinken. Deshalb kommen sie schnell nach oben, sobald sie das Trommeln von Regentropfen auf dem Boden hören.

Das kannst du nachahmen: Nimm zwei Stöckchen und trommle zehn Minuten auf den Boden, zum Beispiel auf dem Rasen oder in einem Blumenbeet. Du kannst auch einen einzelnen Stock in den Boden stecken und mit den Fingern darauf herumtrommeln. Das hört sich für die Würmer wie Regen an.

Nach einiger Zeit kommen die Würmer heraus. Sie merken allerdings schnell, dass das Wetter schön ist, und verschwinden wieder in ihren Löchern. Oben auf der Erde ist es für sie nämlich sehr gefährlich. Es gibt viele Vogelarten, die gerne Regenwürmer fressen, und sogar Füchse haben Appetit auf sie.

24 REGEN VORHERSAGEN

Bevor es regnet, schließen Gänseblümchen ihre Blüten. So werden sie innen nicht nass, und der Pollen und der Nektar in der Blüte sind gut geschützt. Deshalb kannst du Gänseblümchen gut zur Wettervorhersage nutzen.

Auch bevor es dunkel wird, schließen die Gänseblümchen ihre Blüten. Das ist die Art, wie sie schlafen. Das Wetter lässt sich mit diesen Pflanzen also nur tagsüber vorhersagen.

25 ZEIT, ZU GIESSEN?

Aber auch wenn es geregnet hat, weiß man manchmal nicht, ob das Wasser wirklich tief in den Boden gesickert ist. Um herauszufinden, wie tief der Erdboden feucht ist, musst du aber nicht unbedingt graben. Ist ein Maulwurfshaufen in der Nähe? Dann schieb einfach die Erde oben ein bisschen beiseite. Nun siehst du, wo die feuchte Erde aufhört und wo die trockene darunter anfängt. Sind nur wenige Zentimeter des Maulwurfhaufens feucht? Dann solltest du deine Pflanzen noch gießen, obwohl es geregnet hat.

26 BÄUME ERKENNEN UND FINDEN

Welche dieser Bäume wachsen in deiner Umgebung? Schau genau hin, wenn du unterwegs bist – vielleicht entdeckst du sie dann nach und nach alle.

- **Birke:** Du erkennst sie an ihrer weißen, schwarz gefleckten Rinde. Birken wachsen überall, sogar auf Hausruinen oder Mauern. Schau doch mal, ob du eine Birke an so einem besonderen Ort findest!

- **Fichte:** Dieser Nadelbaum hat kurze Nadeln (1 bis 2 cm), die ein bisschen piksen, und lange Zapfen. Von Tannen kannst du sie leicht unterscheiden: Unter Tannen liegen keine Zapfen, weil sie schon auf dem Zweig am Baum zerbröseln.

- **Eiche:** Ihre Rinde ist rau. Im Herbst erkennst du sie auch an ihren Früchten: Eicheln in kleinen Bechern.

- **Kiefer:** Sie hat lange, spitze Nadeln, die bei unserer heimischen Kiefernart immer als Paar aus dem Zweig sprießen. Die Zapfen sind kurz.

Manche Bäume haben auch im Sommer rote Blätter. Das sind Züchtungen, die es so in der Natur nicht gibt.

Rosskastanie: Wenn du große Blütenstände oder im Herbst glänzende Samen zum Basteln an einem Baum entdeckst, ist das sicher eine Kastanie. Auch die Blätter sind sehr groß, viel größer als die Hand erwachsener Menschen.

Platane: Platanen haben eine grün-grau-braun gefleckte Rinde, die ein bisschen an die Tarnanzüge beim Militär erinnert. Wenn es im Sommer sehr trocken ist, werfen Platanen die äußere Schicht der Rinde ab. Die Früchte sehen aus wie stachelige Kugeln. Sie zerfallen im Frühjahr und geben die Samen frei. Platanen gehören zu den häufigsten Straßenbäumen in der Stadt.

Mammutbaum: Die Heimat des Mammutbaums ist Nordamerika. Bei uns wächst dieser Nadelbaum in manchen Parks und botanischen Gärten. Er hat eine dicke, weiche, rötliche Rinde. Seine Zapfen sind rundlich und so groß wie ein Hühnerei. Sie bleiben sehr lange grün.

27 SPINNEN BEOBACHTEN

Hast du dir schon mal eine Spinne ganz genau angesehen? Bestimmt findest du eine bei euch in der Wohnung, im Keller oder im Garten. Dort kannst du sie gut beobachten.

Manche Spinnen haben ein Netz gewebt, um darin Insekten zu fangen. Die Spinne sitzt entweder mitten im Netz oder versteckt sich in einer Mauerritze oder an einem Zweig. Mit ihren Beinen berührt sie von dort aus das Netz. So spürt sie sofort, wenn sich zum Beispiel eine Fliege im Netz verfangen hat. Dann kommt sie schnell herausgekrabbelt, um sie auszusaugen.

Zähl mal die Beine der Spinne. Insekten haben immer sechs Beine. Was denkst du: Sind Spinnen Insekten?

Manche Spinnen sind richtig witzig, zum Beispiel die Springspinnen. Sie sind oft gestreift wie ein Zebra und jagen Fliegen im Sprung. Bei der Jagd bewegen sie den vorderen Teil ihres Körpers hin und her, damit sie ihre Umgebung besser sehen.

Wedele mal mit deiner Hand etwa 30 cm über der Springspinne langsam hin und her. Dann siehst du, wie sie mit ihrem Oberkörper deiner Hand folgt. Weil sie ihre Augen nicht so bewegen kann wie wir unsere, muss sie das tun, um deine Hand im Blick zu behalten.

Wenn du eine Spinne in deinem Zimmer findest und sie hinausbefördern möchtest, holst du am besten ein Glas und ein Blatt festes Papier. Das Glas stülpst du über die Spinne. Dann schiebst du mit der anderen Hand das Blatt Papier vorsichtig unter das Glas – die Spinne soll ja nicht verletzt werden.

Die Spinne ist jetzt im Glas gefangen. Heb es langsam hoch und trage es hinaus.

Falls du Angst vor Spinnen hast, kannst du sie durch die Beschäftigung mit ihnen überwinden. Sorg einfach dafür, dass du möglichst oft Kontakt zu Spinnen hast. Wie wäre es für den Anfang mit klitzekleinen? Nur Mut! Du merkst kaum, dass sie auf deiner Hand krabbeln, weil sie so leicht sind. Und wenn du sie wieder loswerden willst, musst du einfach nur kräftig pusten. Der Spinne passiert dabei nichts, weil sie blitzschnell einen kleinen Faden herauslässt, an dem sie wie mit einem Fallschirm zu Boden gleitet.

Klappt es mit den winzigen Spinnen? Dann kannst du in den nächsten Tagen und Wochen immer größere Exemplare suchen, sie betrachten und vielleicht auch über deine Hand krabbeln lassen.

Spinnen sind keine Insekten, denn sie haben acht Beine.

28 STEINE FLITSCHEN

Hast du es schon mal geschafft, einen Stein auf dem Wasser hüpfen zu lassen? Zum Steineflitschen brauchst du den richtigen Stein. Ich zeige dir, worauf es ankommt.

Der Stein sollte etwas länglich und vor allem sehr flach sein. Wenn er auch noch runde Kanten hat, ist er perfekt. Ideal zum Flitschen ist ein ruhiger See an einem windstillen Tag.

Nimm den Stein zwischen Daumen und Zeigefinger in die Hand. Beim Werfen kommt es darauf an, dass du deine ganze Kraft hineinlegst. Nur so bekommt der Stein die nötige Geschwindigkeit.

Biege deine Hand nach außen. So kannst du dem Stein im Moment des Abwurfs mit dem Zeigefinger noch einen leichten Dreh geben. Dadurch hüpft der Stein leichter über das Wasser. Geh in die Hocke und wirf ihn möglichst flach über das Wasser, nicht einfach von oben.

Zähl mit, wie oft der Stein auftrifft, bevor er untergeht. Gib nicht gleich auf, wenn es nicht sofort gelingt – etwas Übung gehört dazu!

BUCHECKERN RÖSTEN 29

In Buchenwäldern findest du im Herbst vielleicht Bucheckern. Es sind die Samen der Bäume. Sie sehen wie kleine Nüsse aus.

Du kannst sie aufsammeln und zu Hause schälen und rösten. Manche Bucheckern sind innen hohl. Es gibt einen Trick, um sie auszusortieren: Fülle die Bucheckern in eine Schale und übergieße sie mit Wasser. Dann schwimmen die hohlen Bucheckern oben, und du kannst sie einfach absammeln. Wenn du kochendes Wasser nimmst, lassen sich die Bucheckern nach dem Abkühlen sogar viel leichter schälen. Am Ende hast du zwei Häufchen: eins mit den Kernen aus dem Innern und eins mit den Schalen.

Die Kerne solltest du zuerst auf einem Tuch noch etwas trocknen lassen. Dann röstest du sie bei niedriger Temperatur ohne Fett in einer Pfanne, bis sie ein bisschen brauner sind. So schmecken sie richtig lecker und sind sogar gesund!

Bucheckern gibt es nicht jedes Jahr. Nur alle zwei bis drei Jahre produzieren die Bäume sehr viele Samen, und dann lohnt es sich, sie zu sammeln.

30 EINE BAUMSAMMLUNG ANLEGEN

Eine Baumsammlung anzulegen, macht Spaß und ist gar nicht so schwierig. Viel Platz brauchst du dafür zu Hause auch nicht! Ich zeige dir, wie du loslegen kannst.

Buche

Eiche

Deine Sammlung enthält natürlich keine großen, lebenden Bäume, sondern kleine Teile wie Blätter, die du mit nach Hause nehmen kannst. Das geht sogar mit der Baumrinde.

Die Rinde ist die Haut des Baums. Sie schützt das empfindliche Innere des Stammes vor dem Austrocknen, aber auch vor Insekten und anderen Tieren. Genau wie deine Haut kann die Rinde Schuppen verlieren. Wenn der Baum verletzt wurde, bleiben auf der Rinde Narben zurück. Wenn er älter wird, bilden sich Risse, die wie Falten aussehen. Daran siehst du, was der Baum schon alles erlebt hat.

Von der Rinde verschiedener Baumarten kannst du ein Album anlegen. Das geht am besten mit Papier und Wachsmalstiften. Das Papier drückst du mit einer Hand an die Rinde. Mit der anderen Hand streichst du mit dem quer gelegten Wachsmalstift darüber. Jetzt zeichnet sich die Rinde farbig auf dem Blatt ab. So kannst du Rindenbilder von verschiedenen Bäumen machen und in einem Ordner sammeln. Wenn du dir dazu noch Notizen zu jeder Rinde gemacht hast, dann ist das vielleicht der Anfang eines großen Baumarchivs!

Bei älteren Bäumen kannst du auch versuchen, eine lockere Rindenschuppe abzulösen. Wenn du sie auf das Papier mit der durchgepausten Rinde klebst, siehst du auch später noch, welche Farbe die Rinde hatte.

31 PFLANZEN PRESSEN

Im Sommer kannst du grüne Blätter sammeln und sie pressen. Auch die bunten Herbstblätter von Bäumen sehen schön aus!

So geht's: Sammle an einem trockenen Tag Blätter von verschiedenen Bäumen. Zu Hause geht es ans Trocknen. Dafür gibt es Pressen zu kaufen. Oder du baust mit deinen Eltern selber eine. Am einfachsten und billigsten aber geht es mit dicken Büchern. Du brauchst außerdem ein paar alte Zeitungsseiten. Aber Achtung: Es muss eine Tageszeitung sein, weil sie die Feuchtigkeit besser aufsaugt, die aus den Blätter gepresst wird. Die glatten Seiten eines bunten Magazins können das nicht so gut. Jetzt brauchst du noch zwei Blätter Papier von der Küchenrolle und zwei genauso große Stücke Pappe.

Nimm ein großes Buch und leg ein Stück Pappe darauf. Auf die Pappe kommt erst Küchenpapier und dann ein Blatt Zeitungspapier. Leg jetzt die gesammelten Blätter mit etwas Abstand auf das Papier. Decke sie mit einem weiteren Blatt Papier zu. Nun kommen dieselben Papierschichten in umgekehrter Reihenfolge und zum Schluss das zweite Stück Pappe auf die Blätter.

Auf den vorigen Seiten habe ich dir gezeigt, wie du eine Baumsammlung anlegst. Mit gepressten Blättern wird sie noch größer und schöner!

Damit sie platt gepresst werden, legst du am Ende dicke Bücher obendrauf – fertig.

Wenn du es perfekt machen möchtet, solltest du nach einem Tag die Papierschichten vorsichtig austauschen. Denn die Blätter haben Wasser abgegeben, genau wie eine Zitrone, die ausgepresst wird.

Dann musst du nur noch abwarten. Nach spätestens einer Woche sind die Blätter getrocknet und ganz platt. Nun kannst du sie mit winzigen Tröpfchen Klebstoff oder Klebefilm auf ein Blatt Papier oder in ein Heft kleben. Vielleicht gehören sie zu einem Rindenbild oder einem Stückchen Rinde, das du schon hast? Schon ist deine Baumsammlung wieder größer geworden!

Mit gepressten Pflanzenteilen kannst du auch Bilder gestalten. Besonders schön werden sie, wenn du auch Blumen gesammelt hast.

Hol dein Notizbuch, wenn du damit fertig bist. Alles, was du zu dem Baum, zu seiner Rinde und zu seinen Blättern aufgeschrieben hast, kannst du nun in deine Baumsammlung übertragen. Im Internet oder mit einem Bestimmungsbuch wirst du bestimmt herauszufinden, welche Baumarten du in deiner Sammlung hast!

32 TIERKNOCHEN IM WALD

Hin und wieder findest du im Wald große Knochen. Sie stammen von den Tieren, die dort gestorben sind.

Tiere haben keine Friedhöfe. Die toten Tiere werden von anderen Tieren gefressen, aber ihre Knochen bleiben übrig. Wenn du einen Schädel findest, möchtest du vielleicht wissen, von welchem Tier er stammt.

Rehe und Hirsche haben im Oberkiefer keine Schneidezähne. Sie fressen Pflanzen. Mit ihren Backenzähnen mahlen sie Gras und Blätter zu Brei. Deshalb ist die Oberfläche dieser Zähne bei ihnen glatt geschliffen.

Ein Schädel mit Schneidezähnen im Oberkiefer stammt vielleicht von einem Wildschwein. Hat er außerdem sehr lange Eckzähne? Wildschweine verteidigen sich damit.

Schädel von Füchsen sind viel kleiner und seltener zu finden. Weil Füchse Mäuse und andere kleine Tiere fressen, haben sie ein Gebiss wie ein Hund. Die Backenzähne sehen spitz wie kleine Berge aus. Damit können Füchse ihre Beute festhalten und zerteilen.

Manchmal haben schon Mäuse an den Knochen herumgenagt, die du findest. Wenn die Knochen sehr alt sind und schon Moos oder Algen darauf wachsen, kannst du sie anfassen. Ist das Tier noch nicht lange tot, sind die Knochen noch nicht sauber und weiß. Dann solltest du sie nicht berühren!

33 ZAPFEN SAMMELN

**Zapfen zu sammeln, macht richtig Spaß!
Die meisten Zapfen findest du unter Nadelbäumen, zum Beispiel unter Kiefern und Fichten.**

In den Zapfen liegen die Samen geschützt vor Vögeln und vor Nässe. Bei feuchtem Wetter legen sich die Schuppen der Zapfen eng an. Bei Sonnenschein öffnen sich die Zapfen, und die Samen purzeln heraus. Anschließend lässt der Baum die leeren Zapfen fallen, und du kannst sie aufsammeln.

Besonders viele unterschiedliche Zapfen findest du in einem botanischen Garten, denn dort wachsen die verschiedensten Baumarten. Frag doch mal nach, ob du dort Zapfen mitnehmen darfst. In einem normalen Stadtpark oder im Wald brauchst du nicht zu fragen.

Die meisten Menschen denken, dass man Tannenzapfen sammeln kann. Die wirst du aber nie auf dem Boden sehen, denn Tannenzapfen zerbröseln immer schon an den Zweigen des Baums.

Es gibt sogar Laubbäume mit Zapfen: die Erlen. Sie stehen oft an Teichen oder Bächen, weil sie Wasser lieben. Ihre Zapfen gehören zu den kleinsten, die du finden kannst: Sie sind nicht viel größer als dein Daumennagel.

34 EIN SEGELBOOT BAUEN

Wenn es in deiner Umgebung einen Teich oder einen Bach gibt, dann wäre es doch toll, ein Boot darauf segeln zu lassen, oder? Natürlich keins, auf dem du mitfährst, sondern ein kleines, das du selbst bauen kannst.

Das Baumaterial findest du im Wald oder Park. Am besten eignet sich etwas Baumrinde oder ein Stück Holz, das am besten schon ein bisschen morsch ist. Es hat genau wie Rinde den Vorteil, dass es sich leicht bearbeiten lässt, weil es weicher ist als frisches. Daraus kannst du den Bootsrumpf schnitzen. Die beste Rinde findest du an alten Kiefern. Da kannst du ein Stück abbrechen, ohne dem Baum zu schaden.

Zum Schnitzen brauchst du ein Schnitzmesser. Das gibt es auch für Kinder, es ist vorne stumpf. Damit kannst du dich nicht so leicht schneiden. Trage an der Hand, die das Holz festhält, am besten einen schnittfesten Handschuh. Ziehe das Schnitzmesser immer von deinem Körper weg fest über das Holz.

Jetzt brauchst du einen länglichen, spitzen, kleinen Stein. Er wird auf der Unterseite des Bootes in die Mitte gesteckt. Am besten bohrst du vorher mit der Messerspitze ein Loch in deinen Bootsrumpf. Dann kannst du den Stein tief hinein-

stecken, bis er richtig fest sitzt. Er ist schwerer als das Holz und sorgt so dafür, dass das Boot immer im Gleichgewicht bleibt, wenn es auf dem Wasser schwimmt.

Als Mast reicht ein Stöckchen, das mindestens so lang ist wie dein Boot und möglichst gerade. Das Stöckchen spitzt du mit dem Messer an einem Ende an und steckst es dann senkrecht mitten in das Holzstück.

Dein Boot ist aber noch nicht ganz fertig. Das Segel fehlt noch. Du kannst einfach frische Blätter von Bäumen oder Sträuchern nehmen. Das Segel sollte auf jeden Fall kleiner sein als das Boot, sonst wird das Ganze zu schwer und kippt trotz des Steins untendrunter auf dem Wasser um.

35 NASSER SCHABERNACK

Bist du mit deiner Familie oder Freundinnen und Freunden manchmal auch im Wald unterwegs, wenn es geregnet hat? Dann kannst du den anderen einen Streich spielen.

Die Laubbäume hängen nämlich noch voller Regentropfen. Suche einen aus, dessen Stämmchen ungefähr zehn Zentimeter dick ist. Der Baum sollte so stehen, dass die anderen direkt hinter dir daran vorbeigehen. Tritt im Vorbeigehen leicht gegen den Stamm. Schlagartig lösen sich viele Tropfen, und alle, die gerade darunter hergehen, werden geduscht. Im Winter funktioniert es schlechter, weil keine Blätter mehr an den Zweigen sind. Dafür klappt es bei Schnee besonders gut!

Am besten spielst du den anderen diesen Streich erst am Ende der Wanderung. Dann könnt ihr euch bald wieder drinnen aufwärmen.

Einen Nachteil hat dein Streich: Du bekommst selber jede Menge ab. Aber zusammen macht das ja sowieso mehr Spaß!

DURCH HOLZ BLASEN

Bäume haben Wasserleitungen im Holz. Die brauchen sie, um Wasser von den Wurzeln bis in die Kronen und in die Blätter zu pumpen. Durch diese feinen Leitungen kannst du sogar Luft blasen.

Nimm ein Stück Birkenholz, am besten Brennholz. Wenn du so etwas nicht zu Hause hast, dann frag doch mal deine Freunde. Viele Leute haben in ihrem gekauften Brennholz auch Birkenholzstücke. Die erkennst du an der weiß-schwarzen Rinde.

Schmier etwas Spülmittel auf ein Ende. Nun puste am anderen Ende mit fest aufgedrückten Lippen in das Holz. Das geht schwer, weil die Leitungen so dünn sind und nur sehr wenig Luft hindurchgeht. Aber gib nicht auf! Es strömt auf jeden Fall ein bisschen Luft durch die Baumwasserleitung, und um das zu beweisen, ist das Spülmittel am anderen Ende da. Dort blubbern jetzt kleine Seifenblasen!

37 PILZFUTTER

Holz ist eine Mischung aus dünnen, weißen Fäden und dunkelbraunem Kleber, der die Fäden zusammenhält.

Normalerweise kannst du diese beiden Bestandteile nicht sehen. Aber halte mal Ausschau nach altem, verrottetem Holz. Das findest du an feuchten Stellen, zum Beispiel auf dem schattigen Boden im Wald oder in den Hecken eines Parks. Dort fressen Pilze das Holz, und es wird weich und faul.

Pilze, die den Klebstoff fressen, lassen die weißen Fäden übrig. Das faule Holz ist dann ganz hell und zerfällt in lange Fasern.

Manche Pilze fressen die weißen Fäden und lassen nur den Klebstoff übrig. Das faule Holz ist dann dunkelbraun und zerfällt in Würfel.

Die weißen Fäden aus dem Holz findest du auch in Papier, denn es ist aus Holz gemacht. Zerreiße mal ein Blatt Papier und schau dir die Risskante an. Hier siehst du winzige, kurze Fäden – sie stammen von den Bäumen.

Wenn Pilze Holz zersetzen, müssen sie atmen. Manchmal kannst du das im Winter sogar sehen. Dazu muss es nachts unter null Grad sein und tagsüber leicht darüber.

Dann entdeckst du an alten Ästen, die auf dem Boden liegen, manchmal weiße Haarbüschel. Von Weitem sehen sie aus wie weggeworfene Taschentücher. Diese Büschel bestehen nicht aus Haaren, sondern sind der gefrorene Atem der Pilze, die in dem Ast wohnen. In ihrem Atem ist viel Wasser, genau wie bei dir. Wenn es nachts friert, wird aus dem Atem Eis. Zu kalt darf es aber nicht sein, sonst friert der ganze Ast durch, und dann macht der Pilz eine Pause.

Wenn du testen willst, ob es wirklich Haar-Eis ist, nimm es einfach in die Hand. Die feinen Haare schmelzen ganz schnell, und es bleiben nur ein paar Wassertröpfchen übrig.

38 SCHMETTERLINGE

Im Sommer flattern viele bunte Schmetterlinge über die Wiesen und Beete.

Ich habe ein paar Schmetterlinge für dich ausgesucht, die etwas ganz Besonderes sind. Schau doch mal, welche davon du findest!

Zitronenfalter: Der erste Schmetterling, den du im Frühling siehst, ist wahrscheinlich ein Zitronenfalter. Du erkennst ihn an seiner gelben Farbe. Er hat als fertiger Schmetterling überwintert und ist schon früh im Jahr wieder auf Nahrungssuche.

Tagpfauenauge: Das Tagpfauenauge hat Augen auf den Flügeln. Natürlich sind das keine echten Augen, aber für Vögel sieht es so aus, als ob diese zu einem sehr großen Tier gehören. Da lassen sie den Schmetterling lieber in Ruhe. Die Raupen sind schwarz

Die Babys von Schmetterlingen heißen Raupen und sehen aus wie Würmchen, oft mit Haaren. Sie verpuppen sich nach einiger Zeit zu einem länglichen Gebilde. Aus der Puppe schlüpft nach einiger Zeit ein fertiger Schmetterling.

und fressen am liebsten Brennnesseln. Deswegen ist es gut, wenn man die an Wegrändern und im Garten nicht überall abmäht.

Bläuling: Manche Bläulinge, wie der Wiesenknopf-Ameisenbläuling, brauchen als Nahrung nicht nur Blüten, sondern sogar Insekten. Die Raupe des Ameisenbläulings lebt im Herbst und Winter im Bau von Wiesenameisen unter der Erde. Hier frisst sie Ameisenpuppen. Weil sie nach leckerem Honig riecht, greifen die Ameisen sie nicht an.

Brauner Bär: Die bis zu 6 Zentimeter lange Raupe dieses Schmetterlings ist braun behaart – wie ein Bär. Der Schmetterling, der sich daraus entwickelt, ist besonders gefärbt.

Unter den braun-weißen Vorderflügeln sind orange-blaue Hinterflügel versteckt. Wenn ein Vogel den Schmetterling fressen will, zeigt der blitzschnell diese bunten Hinterflügel. Das verwirrt die Vögel so, dass der Braune Bär in Ruhe wegfliegen kann.

Taubenschwänzchen: Dieser Schmetterling sieht aus wie ein kleiner Vogel, der vor den Blüten schwebt. Das Taubenschwänzchen kann sehr weit fliegen – bis zu 3000 Kilometer! Die ersten Schmetterlinge dieser Art tauchen meist im Juni auf und kommen dann aus dem Süden, zum Beispiel aus Italien. Im Garten umschwirren sie am liebsten den Phlox.

Male die Blumenwiese und die Schmetterlinge farbig aus. Welche schönen Farben haben deine Schmetterlinge?

39 DRAUSSEN ÜBERNACHTEN

Du musst nicht wegfahren, um ein Abenteuer zu erleben! Wie wäre es, mit einem Freund oder einer Freundin mal eine Sommernacht auf dem Balkon oder im Garten zu verbringen? Wenn es euch zu kalt wird oder es anfängt zu regnen, könnt ihr jederzeit ins Haus zurückgehen.

Nachts hörst du alle Geräusche viel deutlicher, und es sind andere Tiere unterwegs.

Am aufregendsten ist es, nicht im Zelt, sondern einfach im Schlafsack zu übernachten. Du brauchst einen, der zu deiner Größe passt. Leg noch eine Luftmatratze oder eine Yogamatte drunter, dann ist es von unten nicht so kalt.

Nimm eine Trinkflasche und eine Taschenlampe mit nach draußen. Die Taschenlampe brauchst du zum Beispiel, wenn du in der Dunkelheit mal zum Klo musst.

Achtung:
Das Geländer eures Balkons darf unten keine großen Lücken haben. Sonst kullert ihr nachts womöglich runter! Im Garten ist es wichtig, dass die Fläche, auf der ihr liegt, gerade ist. Im Schlaf rutscht ihr sonst an einen tieferen Punkt des Gartens.

KITZELN UND KLETTEN

Wenn du mit deiner Familie oder Freundinnen und Freunden spazieren gehst, macht heimliches Kitzeln großen Spaß! Das geht im Spätsommer besonders gut, denn du brauchst dazu einen möglichst langen Grashalm mit einer Blüte daran. Wenn du hinter einer Person gehst, kannst du sie mit der weichen Spitze des Halms am Hals kitzeln.

Mindestens genauso viel Spaß macht es, mit Kletten zu werfen. Das sind die Samen von Pflanzen, die du oft am Wegrand findest. Sie haben rundherum kleine Haken. Damit bleiben sie im Fell von Tieren hängen, die daran vorbeistreifen. So werden die Samen weit weg in andere Gegenden transportiert. Die Samen sehen aus wie kleine Stachelbälle, ein bisschen wie Kastanien.

Vielleicht entdeckst du auf eurem nächsten Spaziergang welche. Wirf die Kletten ohne Schwung von hinten gegen die Jacke deiner Begleiter und schau, ob sie hängen bleiben. Aber bitte nicht in die Haare werfen! Da gehen sie nämlich nur mit viel Geziepe wieder heraus!

Ein Schweizer Erfinder hat den Klettverschluss erfunden, nachdem er verstanden hatte, warum Kletten so gut im Fell seines Hundes hafteten.

41 WALDBODEN UNTERSUCHEN

In einer Handvoll Walderde wohnen mehr Lebewesen, als es Menschen auf der Erde gibt! Die meisten sind so klein, dass du sie nicht siehst.

Nimm etwas Waldboden, siebe ihn und schau ihn dir unter der Lupe an. Vielleicht findest du ein paar von diesen Tieren:

- **Asseln** sind mit Krebsen verwandt und brauchen feuchten Boden. Ihre Oberseite ist grau, die Unterseite hell mit vielen Beinen.

- **Hornmilben** sehen aus wie kleine, schwarze Kügelchen. Sie sind mit den Spinnen verwandt.

- **Springschwänze** gibt es in verschiedenen Farben. Die weißen sind besonders gut zu erkennen. Wenn du sie anhauchst, hüpfen sie ein bisschen hoch.

- **Schnecken** fressen alte Pflanzenteile, manchmal aber auch tote Tiere.

Nach deiner Forschungsarbeit freuen sich die Tiere, wenn du sie wieder sanft auf den Boden setzt. Dort krabbeln sie schnell wieder unter das Laub.

- **Regenwürmer** sind im Wald oft viel kleiner als im Garten.
- **Laufkäfer** können meist sehr schnell laufen. Sie sind groß und schwarz und fressen andere kleine Tiere.
- **Saftkugler** sehen aus wie eine Assel, sind aber schwarz. Sie rollen sich bei Gefahr zu einer Kugel zusammen. Und einen lustigen Namen haben sie auch!

- **Mistkäfer** sind auch groß und schwarz, bewegen sich aber sehr langsam. Sie suchen den Kot von großen Tieren als Futter für ihre Larven.

- **Steinläufer** jagen im Humus nach anderen kleinen Tieren.

Manche Blätter auf dem Waldboden sehen aus wie ein Netz. Dort haben die Bodentiere alles bis auf die Blattadern weggefressen.

42 AMEISENSTRASSE UMLEITEN

Auf einer Ameisenstraße laufen ständig Ameisen hin und her. Du findest solche Ameisenstraßen auf Wegen oder Wiesen. Wie sehr Ameisen Zuckerwasser lieben, kannst du ausprobieren. Rühre einfach Zucker in ein wenig Wasser (oder nimm gleich Limonade) und fülle damit einen flachen Teller oder Deckel. Setz das Gefäß neben die Ameisenstraße. Schon nach ein paar Minuten trinken die ersten Ameisen daran. Und weil sie weitererzählen, wo es das leckere Getränk gibt, kommen bald immer mehr.

EIN KLO IM WALD 43

Manchmal musst du im Wald bestimmt Pipi machen. Dann kannst du hinter einen Baum gehen, damit dich niemand sieht. Für das große Geschäft suchst du dir am besten einen liegenden Baumstamm. Darauf kannst du dich setzen. Aber dann fehlt noch Klopapier! Das ist nicht schlimm – im Wald gibt es etwas anderes: Moos! Moos ist schön weich. Am besten gehst du zu einem alten, moosbewachsenen Baumstumpf. Dort hebst du das Moos im Ganzen ab und hast dann ein großes „Blatt“. Mit Moos kannst du dir auch die Hände abwischen – dazu brauchst du es noch nicht mal vom Baum abzumachen.

SAMEN SPRINGEN LASSEN

Manche Pflanzen lassen ihre Samen weit springen. Eine davon ist das Große Springkraut.

Das Große Springkraut wächst an Bachrändern oder in feuchten Wäldern. Die Blüten sehen aus wie gelbe, gebogene Trichter. Wenn sie verblüht sind, bleiben grüne Samenkapseln zurück. Und jetzt wird es spannend: Wenn du sie an der Spitze berührst, springen sie auf und schleudern ihre Samen durch die Gegend. Das klappt aber nur, wenn die Kapsel wirklich reif ist. Das findest du durch Ausprobieren heraus – unreife Kapseln reagieren nicht.

Wenn du ein Handy dabeihast, kannst du das Aufspringen in Zeitlupe filmen – so kannst du besser beobachten, wie die Samen herausgeschleudert werden.

Samenkapseln des Ginsters

Andere Pflanzen lassen ihre Samen ohne Berührung springen. Dazu gehören zum Beispiel der Ginster und die Platterbse. Die Hülsen mit den Samen trocknen in der Sonne aus und reißen dann schlagartig. Dabei werden die Samen herausgeschleudert. Setz dich an einem heißen Sommertag einmal neben Ginster oder Platterbsen mit solchen Hülsen. Dann hörst du es ständig knistern und knacken. Siehst du die Samen fliegen?

Das Große Springkraut wird auch „Rührmichnichtan“ genannt.

45 KNOSPEN AUSPACKEN

Ein Laubbaum hat im Winter keine grünen Blätter an den Zweigen. Oder vielleicht doch?

Pflücke eine Knospe ab, und öffne sie ganz vorsichtig mit den Fingernägeln. Darin findest du ein zusammengerolltes Blatt für das nächste Frühjahr. Wenn du Glück hast, kannst du es komplett auseinanderrollen. Es ist viel kleiner als die Blätter im Sommer, denn nach dem Austrieb im Frühjahr wäre es noch ordentlich gewachsen.

In manchen Knospen ist kein Blatt, sondern eine kleine Blüte. Weil die Blütenblätter fehlen, sieht sie aber noch aus wie ein kleines Kügelchen.

Die Verpackung der Knospen besteht aus braunen Schuppen. Halte einmal eine solche Schuppe gegen das Licht: Es scheint ein bisschen hindurch! Das ist für den Baum wichtig, damit er sehen kann, dass es Frühling wird. Erst wenn die Tage nach dem Winter wieder lang genug sind, weiß ein Baum, dass es Zeit wird, aufzuwachen und neue Blätter zu bilden.

KÄFER UND WANZEN

Käfer und Wanzen sind zwei unterschiedliche Gruppen – in der Wissenschaft sagt man „Ordnungen" – von Insekten. Wanzen haben meist einen flachen Rücken, Käfer oft einen halbkugeligen. Käfer fressen alles Mögliche, von Blattläusen bis zu Kartoffelblättern. Die meisten Wanzen dagegen stechen mit ihrem Saugrüssel in Pflanzen und Früchte und trinken den Saft.

Welche Käfer und Wanzen entdeckst du draußen? Ich gebe dir Tipps, wo du nach ihnen suchen kannst.

- [ ] **Feuerwanze,** an sonnigen, warmen Hauswänden und Mauern

- [ ] **Siebenpunkt-Marienkäfer,** an Pflanzen mit Blattläusen

- [ ] **Grüne Stinkwanze,** auf Brombeeren

- [ ] **Maikäfer,** nur im Mai, ziemlich selten

47 BAUMSAMEN

Samen von Bäumen sehen völlig unterschiedlich aus. Zu welchem Baum sie gehören, siehst du natürlich am besten, wenn sie noch an den Zweigen hängen.

Wie weit diese Samen einmal in die Ferne reisen werden, zeigen sie dir ganz deutlich.

- Kastanien, Eicheln oder Bucheckern bleiben bei ihrem Mutterbaum. Sie sind so schwer, dass sie einfach auf den Boden plumpsen.

- Viele Nadelbäume, aber auch der Ahorn, haben einen kleinen Rotor am Samen. Der dreht sich, wenn der Samen herunterfällt, und schwebt davon, wenn Wind weht – bis zu 100 Meter.

- Die Samen von Pappeln oder Weiden wiegen fast nichts und sind in Watte gepackt. Deshalb kann ein kräftiger Wind sie mehr als 100 Kilometer weit tragen! Du findest sie im Frühling als flauschige Wattebäusche am Wegrand.

Manche Bäume, zum Beispiel die Kirschen, lassen ihre Samen von Tieren transportieren. Dazu packen sie die Samen in süßes Fruchtfleisch. Die Tiere fressen die Früchte und scheiden später an einem anderen Ort die Samen wieder aus.

Nashörner

Aus frischen, grünen Ahornsamen kannst du dir ein kleines Horn für deine Nase basteln. Oder aus zwei Samen zwei Hörner, wie ein Breitmaulnashorn sie hat!

Dazu pflückst du unreife Samen eines Ahornbaums mit Flügeln von einem niedrigen Ast. Unreife Samen erkennst du daran, dass sie noch grün sind. Mit dem Daumennagel spaltest du den dickeren Teil auf. Nun kannst du dir den Samen auf den Nasenrücken setzen. Er ist ein bisschen klebrig und hält deswegen gut.

FARBiGES ESSEN

In der Natur findest du viele bunte Früchte, Blüten und Blätter, die du essen kannst. Bevor du das machst, ist es ganz wichtig, dass eine erwachsene Person die jeweilige Pflanze sicher bestimmt. Es gibt nämlich auch sehr viele giftige Pflanzen!

Am leichtesten zu finden sind **rote** Früchte. Manche schmecken prima, andere sind ungenießbar oder sogar giftig.

Walderdbeeren: Sie wachsen im Wald, aber auch an Wegböschungen, wo es ein bisschen schattiger ist. Sie sehen aus wie die Erdbeeren aus dem Geschäft oder Garten, nur viel kleiner. Erst wenn sie dunkelrot sind, schmecken sie lecker und süß. Walderdbeeren findest du von Juni bis August.

Vogelbeeren: Sie sind die Früchte der Eberesche und reifen im Herbst heran. Die orangefarbenen Beeren sind sehr bitter und sauer. Zu viele solltest du nicht essen, sonst kannst du Bauchschmerzen bekommen. Aber so giftig, wie man früher dachte, sind sie nicht.

Weißdorn: Die roten Früchte des Weißdorns reifen ebenfalls im Herbst. Sie schmecken mehlig und nicht besonders intensiv.

Hagebutten: Das sind die Früchte der Rosen. Sie schmecken erst spät im Herbst nicht mehr so sauer. Die Kerne solltest du nicht mitessen. Am besten schmecken Hagebutten aber sowieso, wenn du sie zu Marmelade gekocht hast.

Blaue Früchte sind nicht so leicht zu entdecken wie die roten. Aber lecker sind einige von ihnen auch!

Heidelbeeren: Sie werden auch Blaubeeren genannt und sind im Spätsommer reif. Die Früchte hängen an kleinen Sträuchern mit hellgrünen Blättern. Wenn du viele davon isst, bekommst du eine blaue Zunge. Aber keine Sorge – die Farbe verschwindet nach einer Stunde wieder!

Schlehen: Die Früchte des Schwarzdorns sehen aus wie kleine, kugelrunde Pflaumen. Kein Wunder – Schlehen und Pflaumen sind miteinander verwandt. Schlehen schmecken sauer und machen eine ganz pelzige Zunge. Das wird ein bisschen besser, wenn die Früchte einen kräftigen Frost abbekommen haben – aber wirklich nur ein bisschen! Wie die Hagebutten schmecken sie viel besser, wenn du Marmelade aus ihnen gekocht hast.

Die häufigste Farbe in der Natur ist **grün.** Und manches Grüne schmeckt sogar!

Im Frühjahr sind zwar noch keine Früchte reif, aber an den Bäumen wachsen die ersten jungen Blätter. Probier doch einmal junge **Buchenblätter!** Sie sind ganz zart und schmecken leicht sauer.

Wie wäre es mit etwas **Spitzwegerich?** Die langen, dünnen Blätter kannst du nicht nur wie Salat essen, sondern sogar leicht zerkaut auf einen Mücken- oder Wespenstich streichen. Dann tut er nicht mehr so weh.

Im Sommer ist die Welt **BUNT,** du findest fast alle Farben in der Natur. Das liegt vor allem an den Blüten. Möchtest du ein paar probieren?

Rosenblüten: Zupfe die Blütenblätter ab, denn die sind bei allen Rosenarten essbar. Der Geschmack erinnert bei manchen an Parfüm.

Kornblume: Die blauen Blüten schmecken ein bisschen bitter, aber es sieht sehr schön aus, wenn du ein paar einfach zerzupfst und über einen grünen Salat streust.

Löwenzahn: Bevor du eine Löwenzahnblüte isst, puste kräftig hinein. Manchmal wohnen nämlich im Innern der puscheligen Blüten kleine Insekten, die du sicher nicht mitessen möchtest. Auch die Blätter sind essbar, schmecken aber ziemlich bitter.

Nun fehlt uns noch etwas Weißes zum Probieren. Entweder du pflückst ein paar Gänseblümchen oder du musst ein bisschen graben. Denn nur so kommst du an die weißen Wurzeln einiger Pflanzen. Diese Wurzeln wäschst du zu Hause ganz gründlich ab, bis keine Erde oder Schmutz mehr daran haftet.

Wilde Möhre: Die Wurzel der wilden Möhre schmeckt fast so wie eine orangefarbene Karotte. Allerdings hat sie nur eine ganz dünne Schicht, die du essen kannst – der Rest ist hart wie Holz. Die wilde Möhre ist an ihrer Blüte leicht zu erkennen: Genau in der Mitte der vielen kleinen Einzelblüten der Dolde sitzt eine einzige Blüte in Dunkelrot.

Löwenzahn: Die weiße Wurzel schmeckt bitter-süß und kann auch gut in der Pfanne geröstet werden.

Löwenzahn

49 TIERE, DIE IM BLATT WOHNEN

Die Babys von Insekten heißen Larven. Sie sehen oft aus wie kleine Würmer und schmecken Vögeln sehr gut.

Damit die jungen Insekten nicht von Vögeln oder Käfern gefressen werden, wohnen manche von ihnen in den Blättern von Bäumen. Schau unterwegs doch mal, ob du welche findest!

Rosskastanien-Miniermotte: Ihre Larven fressen Gänge in die Blätter von Kastanien. An diesen Stellen werden die Blätter braun. Wenn du ein Blatt vorsichtig an so einem braunen Gang öffnest, findest du die Larve. Sie verwandelt sich später in einen winzigen Schmetterling.

Buchengallmücke: Auf manchen Buchenblättern wachsen kleine Zipfel, die etwa einen halben Zentimeter lang sind. In ihrem Innern wohnt eine Larve. Mit ihrer Spucke bringt sie das Buchenblatt dazu, den Zipfel wachsen zu lassen. Er fällt im Herbst mit den Blättern ab, und im Frühjahr schlüpft daraus eine Mücke.

Die meisten Insekten schlüpfen aus Eiern. Die sind so winzig, dass du sie nur sehr selten finden wirst.

Eichengallwespe: Wenn du eine große Kugel auf einem Eichenblatt siehst, wohnt darin eine Larve der Eichengallwespe. Sie macht es wie die Gallmücken: Mit ihrer Spucke bringt sie das Blatt dazu, eine Kugel zu formen. Darin kann die Larve in Ruhe fressen.

Fichtengalllaus: Die Larven dieser Laus wohnen nicht direkt in den Nadeln, sondern am Ende eines Zweiges in einer Art Nadelbüschel. Hier bewirken sie mit ihrer Spucke, dass sich eine Galle bildet, die an eine winzige Ananas erinnert. Du findest diese Gallen auch oft vertrocknet und braun an abgestorbenen Fichtenzweigen – dann wohnt darin aber niemand mehr.

Auch in zusammengerollten Blättern, die noch grün sind, stecken oft Insektenlarven. Halte im Sommer mal Ausschau nach solchen gerollten Blättern an Laubbäumen und Sträuchern.

50 AUF GRASHALMEN PFEIFEN

Du brauchst nur einen breiten, langen Grashalm. Diesen langen Halm spannst du zwischen die oberen und unteren Knöchel deiner Daumen. Jetzt presst du den Mund darauf und bläst kräftig hinein. Wenn es klappt, ertönt ein lauter, hoher Ton. Er klingt so ähnlich wie ein weibliches Reh, wenn es im Sommer nach einem Rehbock ruft.

Gib nicht auf, wenn es nicht gleich klappt, sondern versuche es mit einem anderen Halm. Wichtig ist, dass der Halm straff gespannt ist.

Beim Forschen, Ausprobieren, Bauen, Sammeln und Entdecken haben mir viele Kinder geholfen: Elias, Jonathan, Nele, Mia, Finn, Miko, Nele, Romy, Sophie, Jan, Marit, Henrik, Ludwig, Justus, Juliane, Berenike, Helene, Charlotte, Lasse, Frieda, Paul und Hanna.

Nur mit ihrer Hilfe ist dieses Buch so lebendig und schön geworden!

Bildnachweis

Peter Wohlleben

Cover (Porträt), **A8** (Schnecke, Baumrinde) · **A12** (Binsen) · **A19** (Baumstumpf, Harvester-Spuren, geschützte Bäume, Baummarkierung) · **A22** (Köhlerplatz, Kohle) · **A37** (Holz, Haar-Eis)

Jens Steingässer

Cover (Mädchen, Junge, Schnecke) · **Impressum** (Porträt) · **Vor A1** (Kindergruppe mit Peter Wohlleben) **A3** (Porträt, Wasserläufer) · **A4** (Junge) · **A6** (Hand) · **A9** (Kinder am Baumstamm, Kinder beim Gießen) **A17** (Hufspur) · **A20** (Porträt, Pilzfäden) · **A27** (Junge, Hände) · **A30** (Porträt, Eiche, Rindenbild) · **A31** (Blätter pressen, Bücherstapel, Bild aus getrockneten Blüten) · **A32** (Wildschweinschädel) · **A34** (Schnitzen, Hand mit Stein, Mast befestigen) · **A36** (Mädchen) · **A39** (Mädchen) · **A40** (Kletten-Bilder) **A41** (Kinder mit Sieb) · **A45** (Kinderhand) · **A48** (Kinder)

Anja Fischer

A5 (Kind, Notizbuch) · **A14** (Tauchschüssel) · **A25** (Maulwurfshaufen) · **A29** (Kinderhand) · **A48** (Wilde Möhre) · **A50** (Hände)

Kerstin Behnken

A9 (Baumwurzel)

Shutterstock

Vorsatz akiyoko (Dosen), jo·pix (Becherlupe), savitskaya iryna (Fernglas), Pearl PhotoPix (Kinder mit Rucksäcken) · **A1** Jesus Giraldo Gutierrez (Specht), Borislav Borisov (Meise), WildlifeWorld (Buchfink) · **A2** Nikolas_profoto (Borkenkäfer), Guenter Albers (Wald), sukiyaki (Smoothie), FotoHelin (Fichtennadeln), spline_x (Eibenzweig) · **A3** 23frogger (Steinfliege), alle (Köcherfliege), Savo Ilic (Kaulquappen), Jan phanomphrai (Fischschwarm), guentermanaus (trinkende Bienen) · **A6** stockfoto-graf (Tannenbaum) · **A7** Rafal Szozda (Eichelhäher), Albert Beukhof (Mäusebussard), Red Squirrel (Kraniche) · **A8** imageBroker·com (Schnecke) · **A9** SViktoria (Lindenzweig), Hanneke Wetzer (Äpfel), VOJTa Herout (Eichhörnchen), Shchasny (Blattkonturen), balanser (lesendes Kind) · **A10** R. Maximiliane (Veilchen) **A11** Alexander Sobol (Kleeblüte) · **A13** Coatesy (Igel), Vitalii Hulai (Kröte) · **A15** Tamara Kulikova (Fichtenzweig), meiningi (Harztropfen) · **A16** Joppi (Holzstapel) · **A17** Val Vechterova (Wildschweinspur), Kristine Rad (Fuchsspur), Henrik Larsson (Bockkäfer), lorenza62 (Amseleier), I·Rottlaender (Schaumzikade), Simona Balconi (Zapfen), seleel (Erdhäufchen), Vaclav Matous (Biberspuren) · **A18** Fire-fly (Vergissmeinnicht-Blüten), Crazy nook (Vergissmeinnicht-Kontur) · **A19** Foto-Sabine (Borkenkäfer-Spuren), rumxde (Hirsch) · **A21** Tanya49 (Sauerklee), Cyrustr (Waldweidenröschen) · **A22** artfotoxyz (Köhlerhaufen) · **A23** ZhdanHenn (Regenwurm), Jonny Wolfe (Rotkehlchen) · **A24** Tohuwabohu1976 (Gänseblümchen) · **A26** Ihor Hvozdetskyi (Birke), Meryll (Eiche), New Africa (Kastanie), Yuangeng Zhang (Platanenrinde), Luciano Mortula – LGM (Mammutbaum), Mulberry C (Zapfen Mammutbaum) **A27** Ireneusz Waledzik (Spinne) · **A28** ColoradoCatherine (Wasser), Mike_O (Stein), Veronica Varos

(Arm) · **A31** Botanical Art Studio (Gingkoblätter), haraldmuc (Buchenblatt oben), Bildagentur Zoonar GmbH (drei Blätter unten) · **A33** Anna Kucherova (Zapfen), Somogyi Laszlo (Erlenzweig) · **A35** Bystrov (Kind) · **A38** Vitalii Hulai (Zitronenfalter), Sleepyhobbit (Tagpfauenauge), Roger Meerts (Bläuling), ajt (Brauner Bär), Agami Photo Agency (Taubenschwänzchen), barberry (Blumenkonturen), Nmonicas (Schmetterlingskonturen) · **A41** Henrik Larsson (Asseln), thatmacroguy (Hornmilbe), Ferenc Speder (Springschwanz), Dawid Sliwka (Nacktschnecke), Dan Olsen (Saftkugler), Chris Moody (Mistkäfer), David Dohnal (Steinläufer) · **A42** JoeyPhoto (Ameisenstraße) · **A44** Kirsanov Valeriy Vladimirovich (Springkraut), AlessandroZocc (Ginster) · **A45** Photonaturepaysage (Knospe) · **A46** Douwe Schut (Feuerwanze), alslutsky (Stinkwanze), Mit Kapevski (Maikäfer) · **A47** Maple Ferryman (fliegende Samen), Khalangot Sergey L (Junge) · **A48** Semjonow Juri (Walderdbeere), Volosina (Vogelbeeren), Gecko1968 (Weißdorn), Peter Hermes Furian (Hagebutten), Ina Meer Sommer (Blaubeeren), Olexandr Panchenko (Schlehen), Alexander Raths (Löwenzahn) · **A49** Alena Brozova (Kastanienblatt), Alexander Raths (Buchengalle), D. Kucharski K. Kucharska (Eichengalle), kosaku1999 (Fichtengalle) · **A50** Eric Cote (Familie) · **Nachsatz** ARegina (Kind), Tino Lehmann (Ast) · **Cover Rückseite** Veronica Varos (Arm), Simona Balconi (Zapfen) · **mehrfach als Deko-Elemente im Buch:** Nikiparonak (Farn), Val_Iva (Blumen)

Mauritius

A19 Michael Breuer (Malbaum)

istock

A16 AbbieImages (Baumscheibe) · **A26** fotiksonya (Kiefernzweig) · **A48** bgfoto (Buchenzweig)

A1 = 1 (Abenteuer 1)

WETTERSCHUTZ

Wenn es regnet, schneit oder stürmt, kann es draußen ganz schön unangenehm sein. Ich zeige dir ein paar Tricks, mit denen es trotzdem schön wird.

Solltest du im Wald einmal von Regen überrascht werden, stell dich in einer Waldhütte unter – oder unter einem Baum. Am besten sind Nadelbäume, vor allem Fichten und Tannen. Ihre Zweige sind dicht und zeigen schräg nach unten wie ein grünes Dach.

Fehlt dir ein Regenhut? Nimm doch einfach ein großes Blatt von der Pestwurz, der Großen Klette oder – falls du gerade im Garten bist – vom Rhabarber! Setz es dir umgedreht auf den Kopf, dann bleiben deine Haare trocken.

Laubbäume halten selbst im Sommer, wenn sie viele Blätter tragen, kaum länger als 10 Minuten das Wasser ab. Unter ihnen tropft es noch, nachdem es schon längst aufgehört hat zu regnen. Das liegt daran, dass die Tropfen noch minutenlang von Blatt zu Blatt fallen, bis sie auf den Boden plumpsen.

Wenn es geschneit hat, ist es wichtig, dass deine Kleidung frei von Schnee bleibt. Sonst taut er auf dem Stoff, und du wirst nass und frierst. Klopfe den Schnee sofort ab und stampfe ab und zu mit den Füßen auf, damit die Schuhe trocken bleiben.